Wer diese meine Worte hört und danach handelt, ist wie ein kluger Mann, der sein Haus auf Fels baute. Als nun ein Wolkenbruch kam und die Wassermassen heranfluteten, als die Stürme tobten und an dem Haus rüttelten, da stürzte es nicht ein, denn es war auf Fels gebaut. Wer aber meine Worte hört und nicht danach handelt, ist wie ein unvernünftiger Mann, der sein Haus auf Sand baute.
Als nun ein Wolkenbruch kam und die Wassermassen heranfluteten, als die Stürme tobten und an dem Haus rüttelten, da stürzte es ein und wurde völlig zerstört.
Matthäus 7

JESUS

SEIN LEBEN - SEINE WORTE

R. BROCKHAUS VERLAG
WUPPERTAL

Fotos: Lion Publishing/David Alexander
Bibelzitate mit freundlicher Genehmigung:
Aus *Die Bibel in heutigem Deutsch.*
Die Gute Nachricht des Alten und Neuen Testaments
Deutsche Bibelgesellschaft Stuttgart

Aus *Einheitsübersetzung der Heiligen Schrift.*
Das Neue Testament
Katholische Bibelanstalt GmbH Stuttgart

Satz: Reinhold Schaefers, Waldbröl

Typeset by Performance Typesetting, Milton Keynes
Printed in Spain by Mateu Cromo Artes Graficas SA.

ISBN 3-417-24597-4

INHALT

EINE WARTENDE WELT

*Die Welt vor 2000 Jahren wartete auf Erlösung – wie unsere Welt heute.
Einige hofften sehnsüchtig, daß Gott seinem Volk zu Hilfe komme, es befreie, Frieden schaffe.
Andere schrien nach Gerechtigkeit, nach Befreiung von der grausamen römischen Besatzung, nach Revolution.
Wieder andere warteten auf persönliche Erfüllung.
Die alten heidnischen Religionen waren am Ende.
Kulte und Aberglaube konnten nur eine Flucht vor der Realität anbieten, keine wirkliche Zufriedenheit.*

Die Welt wartete auf einen Messias, einen Retter – auf den, dessen Kommen die Propheten vorausgesagt hatten…

Das Volk, das im Dunkel lebt,
sieht ein helles Licht;
über denen, die im Land
der Finsternis wohnen,
strahlt ein Licht auf…
Denn uns ist ein Kind geboren,
ein Sohn ist uns geschenkt.
Die Herrschaft liegt
auf seiner Schulter;
man nennt ihn:
Wunderbarer Ratgeber,
Starker Gott,
Vater in Ewigkeit,
Fürst des Friedens.
Jesaja 9

Jerusalem war zur Zeit der Geburt Jesu ähnlich wie heute ein Zentrum politischer und religiöser Streitigkeiten.

Prolog zum Johannesevangelium

**Im Anfang war das Wort,
und das Wort war bei Gott,
und das Wort war Gott.
Im Anfang war es bei Gott.
Alles ist durch das Wort geworden,
und ohne das Wort wurde nichts,
was geworden ist.
In ihm war das Leben,
und das Leben war das Licht der Menschen.
Und das Licht leuchtet in der Finsternis,
und die Finsternis hat es nicht erfaßt. . .
Das wahre Licht, das jeden Menschen
erleuchtet, kam in die Welt.
Er war in der Welt,
und die Welt ist durch ihn geworden,
aber die Welt erkannte ihn nicht.
Er kam in sein Eigentum,
aber die Seinen nahmen ihn nicht auf.
Allen aber, die ihn aufnahmen,
gab er Macht, Kinder Gottes zu werden,
allen, die an seinen Namen glauben,
die nicht aus dem Blut,
nicht aus dem Willen des Fleisches,
nicht aus dem Willen des Mannes,
sondern aus Gott geboren sind.
Und das Wort ist Fleisch geworden
und hat unter uns gewohnt,
und wir haben seine Herrlichkeit gesehen,
die Herrlichkeit
des einzigen Sohnes vom Vater,
voll Gnade und Wahrheit.**
Johannes 1

DIE BOTSCHAFT DES ENGELS

Gottes Botschaft sollte nicht durch vornehme und mächtige Menschen kommen, sondern durch ein einfaches Ehepaar. Maria war mit Joseph verlobt, einem Zimmermann in dem Provinzstädtchen Nazareth in Palästina, einer entlegenen Ecke des römischen Reiches.

Gott sandte den Engel Gabriel nach Nazareth in Galiläa zu einem jungen Mädchen namens Maria. Es war verlobt mit einem Mann namens Joseph, einem Nachkommen Davids.

Der Engel kam zu Maria und sagte: »Sei gegrüßt, Maria, der Herr ist mit dir; er hat dich zu Großem ausersehen!«

Maria erschrak über diesen Gruß und überlegte, was er bedeuten sollte.

Da sagte der Engel zu ihr: »Hab keine Angst, du hast Gnade bei Gott gefunden! Du wirst schwanger werden und einen Sohn zur Welt bringen. Dem sollst du den Namen Jesus geben. Er wird groß sein und wird ›Sohn des Höchsten‹ genannt werden. Gott der Herr wird ihm das Königtum seines Vorfahren David übertragen. Er wird für immer über die Nachkommen Jakobs regieren. Seine Herrschaft wird nie zu Ende gehen.«

Maria fragte den Engel: »Wie soll das zugehen? Ich habe doch mit keinem Mann zu tun!«

Er antwortete: »Gottes Geist wird über dich kommen, seine Kraft wird es bewirken. Deshalb wird man das Kind, das du zur Welt bringst, heilig und Sohn Gottes nennen. Auch Elisabeth, deine Verwandte, bekommt einen Sohn – trotz ihres Alters. Sie ist bereits im sechsten Monat, und man hat doch von ihr gesagt, sie könne keine Kinder bekommen. Für Gott ist nichts unmöglich.«

Da sagte Maria: »Ich will ganz für Gott dasein. Es soll so geschehen, wie du es gesagt hast.«

Dann verließ sie der Engel.

Lukas 1

Nazareth – eine kleine, geschäftige Provinzstadt in Galilä, fast zu normal für die Ereignisse, die dort stattfinden sollten.

Marias Lobgesang
Das Magnifikat

Meine Seele preist voll Freude den Herrn,
mein Geist ist voll Jubel über Gott, meinen Retter.
Denn er hat gnädig auf seine arme Magd geschaut.
Von nun an preisen alle Geschlechter mich glücklich.
Denn der Mächtige hat an mir Großes getan;
sein Name ist heilig.
Er schenkt sein Erbarmen von Geschlecht zu Geschlecht
allen, die ihn fürchten und ehren.
Sein starker Arm vollbringt gewaltige Taten:
Er macht die Pläne der Stolzen zunichte;
er stürzt die Mächtigen vom Thron
und bringt die Armen zu Ehren;
er beschenkt mit seinen Gaben die Hungrigen,
die Reichen aber schickt er mit leeren Händen fort.
Er nimmt sich gnädig seines Knechtes Israel an,
denn er denkt an das Erbarmen,
das er unseren Vätern verheißen hat,
Abraham und seinen Nachkommen,
für ewige Zeiten.
Lukas 1

Kein Raum in der Herberge

Joseph hatte teil an Marias Geheimnis. Und Gott bekräftigte in einem Traum seine besondere Absicht mit diesem Kind. Jesus würde »sein Volk von seinen Sünden erretten«. Er war die Erfüllung der alten Prophezeihung Jesajas: »Siehe, eine Jungfrau wird schwanger sein und einen Sohn gebären, und sie werden seinen Namen Immanuel heißen, ›Gott mit uns‹.«
Dann ordnete der römische Kaiser eine Volkszählung an. Jeder ging in seine Geburtsstadt, um sich registrieren zu lassen. So brachen Joseph und die hochschwangere Maria nach Bethlehem auf, dem Geburtsort König Davids, weil Joseph ein Nachkomme Davids war…

Während des Aufenthalts in Bethlehem kam für sie die Zeit der Entbindung. Sie brachte einen Sohn zur Welt, ihren Erstgeborenen, wickelte ihn in Windeln und legte ihn in eine Futterkrippe im Stall. Eine andere Unterkunft hatten sie nicht gefunden.

In der Gegend dort hielten sich Hirten auf. Sie waren in der Nacht auf dem Feld und bewachten ihre Herde. Da kam ein Engel des Herrn zu ihnen, und die Herrlichkeit des Herrn umstrahlte sie.

Sie fürchteten sich sehr; aber der Engel sagte: »Habt keine Angst! Ich bringe euch eine gute Nachricht, über die sich ganz Israel freuen wird. Heute wurde in der Stadt Davids euer Retter geboren – Christus, der Herr! Geht und seht selbst: Er liegt in Windeln gewickelt in einer Futterkrippe – daran könnt ihr ihn erkennen!«

Plötzlich stand neben dem Engel eine große Schar anderer Engel, die priesen Gott und riefen: »Alle Ehre gehört Gott im Himmel! Sein Frieden kommt auf die Erde zu den Menschen, weil er sie liebt!«

Als die Engel in den Himmel zurückgekehrt waren, sagten die Hirten zueinander: »Kommt, wir gehen nach Bethlehem und sehen uns an, was da geschehen ist und was Gott uns bekanntgemacht hat!«

Sie brachen sofort auf, gingen hin und fanden Maria und Joseph und das Kind in der Futterkrippe. Als sie es sahen, berichteten sie, was ihnen der Engel von dem Kind gesagt hatte. Alle, die dabei waren, staunten über das, was ihnen die Hirten erzählten. Maria aber bewahrte all das in ihrem Herzen und dachte immer wieder darüber nach. Die Hirten gingen zu ihren Herden zurück, priesen Gott und dankten ihm für das, was sie gehört und gesehen hatten. Es war alles so gewesen, wie der Engel es ihnen gesagt hatte.

Vierzig Tage nach der Geburt brachten die Eltern das Kind in den Tempel nach Jerusalem, um es Gott zu weihen…

Damals lebte in Jerusalem ein Mann namens Simeon. Er war fromm und hielt sich treu an Gottes Gesetz und wartete auf die Rettung Israels. Er war vom Geist Gottes erfüllt, und der hatte ihm die Gewißheit gegeben, er werde nicht sterben, bevor er den von Gott versprochenen Retter mit eigenen Augen gesehen habe. Simeon folgte einer Eingebung des heiligen Geistes und ging in den Tempel. Als die Eltern das Kind Jesus dorthin brachten und es Gott weihen wollten, wie es nach dem Gesetz üblich war, nahm Simeon das Kind auf die Arme und pries Gott.

Lukas 2

Noch immer hüten Hirtenjungen ihre Herden auf den felsigen Terrassen rund um Bethlehem. Und im alten Tempelbezirk von Jerusalem treffen sich die Frommen zum Beten und Meditieren.

Simeons Gebet
Das Nunc Dimittis

**Nun läßt du, Herr, deinen Knecht
in Frieden scheiden,
wie dein Wort es verheißen hat.
Denn meine Augen haben das Heil geschaut,
das du geschaffen hast,
damit alle Völker es sehen:
ein Licht, das die Heiden erleuchtet,
und eine Verherrlichung
deines Volkes Israel.**
Lukas 2

DER STERN IM OSTEN

Bald nach seiner Geburt kamen Sterndeuter aus dem Osten nach Jerusalem und fragten: »Wo finden wir das neugeborene Kind, den kommenden König der Juden? Wir haben seinen Stern aufgehen sehen und sind gekommen, um ihm zu huldigen.«

Als König Herodes das hörte, geriet er in Aufregung und mit ihm ganz Jerusalem. Er ließ alle führenden Priester und Gesetzeslehrer zu sich kommen und fragte sie: »Wo soll der versprochene König geboren werden?«

Sie antworteten: »In der Stadt Bethlehem in Judäa. Denn so hat der Prophet geschrieben:

›Du Bethlehem im Land Juda! Du bist keineswegs die unbedeutendste Stadt in Juda, denn aus dir wird der Mann kommen, der mein Volk Israel schützen und leiten soll.‹ «

Daraufhin rief Herodes die Sterndeuter heimlich zu sich und fragte sie aus, wann sie den Stern zum erstenmal gesehen hätten. Dann schickte er sie nach Bethlehem und sagte:

»Geht hin und erkundigt euch genau nach dem Kind, und wenn ihr es gefunden habt, gebt mir Nachricht! Dann will auch ich zu ihm gehen und ihm huldigen.«

Nachdem sie diesen Bescheid erhalten hatten, machten sich die Männer auf den Weg. Der Stern, den sie schon bei seinem Aufgehen beobachtet hatten, ging ihnen voraus. Genau über der Stelle, wo das Kind war, blieb er stehen. Als sie ihn dort sahen, kam eine große Freude über sie. Sie gingen in das Haus, fanden das Kind mit seiner Mutter Maria, warfen sich vor ihm nieder und huldigten ihm. Dann breiteten sie die Schätze aus, die sie ihm als Geschenk mitgebracht hatten: Gold, Weihrauch und Myrrhe.

In einem Traum befahl ihnen Gott, nicht noch einmal zu Herodes zu gehen. So reisten sie auf einem anderen Weg in ihr Land zurück.

In der folgenden Nacht hatte Joseph einen Traum, darin erschien ihm ein Engel des Herrn und sagte: »Steh auf, nimm das Kind und seine Mutter und flieh nach Ägypten! Bleib dort, bis ich dir sage, daß du zurückkommen kannst. Herodes wird nämlich alles daransetzen, das Kind zu töten.«

Da brach Joseph mit dem Kind und seiner Mutter mitten in der Nacht nach Ägypten auf. Dort lebten sie bis zum Tod von Herodes.

Matthäus 2

Wie Maria hüllt eine junge Mutter in Bethlehem heute ihr Baby vor dem kalten Wind ein (oben). Die Geburtskirche (rechts) wurde an der überlieferten Stelle der Geburt Jesu gebaut. In der Krypta der Kirche ist der Stern, der die Weisen zu dem neugeborenen Kind führte, dargestellt (rechts außen). Seit Jahrhunderten sind Pilger hierhergekommen, um anzubeten.

DER JUNGE JESUS

Nachdem König Herodes gestorben war, ließ Gott Joseph sagen, daß er ohne Gefahr nach Israel zurückkehren könne. Herodes' Sohn war jetzt König von Juda, so daß Joseph nichts riskierte. Er kehrte nach Nazareth in der nördlichen Provinz Galiläa zurück.

Jesus wuchs dort in aller Stille auf, bis er zwölf Jahre alt war und damit als vollwertiges Mitglied in die jüdische Gemeinschaft aufgenommen werden konnte…

Die Eltern Jesu gingen jedes Jahr zum Passafest nach Jerusalem. Als Jesus zwölf Jahre alt war, nahmen sie ihn zum erstenmal mit.

Nach den Feiertagen machten sie sich wieder auf den Heimweg; aber Jesus blieb ohne Wissen seiner Eltern in Jerusalem. Sie dachten, er sei irgendwo unter den Pilgern. Sie gingen den ganzen Tag und suchten ihn dann abends unter ihren Verwandten und Bekannten. Als sie ihn nicht fanden, kehrten sie nach Jerusalem zurück und suchten ihn dort.

Am dritten Tag endlich entdeckten sie ihn im Tempel. Er saß bei den Gesetzeslehrern, hörte ihnen zu und diskutierte mit ihnen. Alle, die dabei waren, staunten über sein Verständnis und seine Antworten.

Seine Eltern waren ganz außer sich, als sie ihn hier fanden. Die Mutter sagte zu ihm: »Kind, warum machst du uns solchen Kummer? Dein Vater und ich haben dich ganz verzweifelt gesucht.«

Jesus antwortete: »Warum habt ihr mich denn gesucht? Habt ihr nicht gewußt, daß ich im Haus meines Vaters sein muß?«

Aber sie verstanden nicht, was er damit meinte.

Jesus kehrte mit seinen Eltern nach Nazareth zurück und gehorchte ihnen willig. Seine Mutter bewahrte das alles in ihrem Herzen. Jesus nahm weiter zu an Jahren wie an Verständnis, und Gott und die Menschen hatten ihre Freude an ihm.

Lukas 2

Spaziergang im heutigen Nazareth (links), wo Jesus aufwuchs. Im Alter von zwölf Jahren fesselten ihn die Diskussionen im Tempelbezirk von Jerusalem (heute der Innenhof der Moschee, rechts) so, daß er zurückblieb, als seine Eltern die Stadt verließen.

EINE STIMME IN DER WÜSTE

Als Gott durch seinen Engel Maria sagen ließ, daß sie die Mutter Jesu sein würde, erfuhr sie, daß ihre Verwandte Elisabeth auch ein Baby erwartete. Dieses Kind hieß Johannes. Er sollte der letzte der Propheten sein, mit der besonderen Aufgabe, Gottes Volk auf das Kommen Jesu, des versprochenen Messias, vorzubereiten. Als Johannes geboren war, wurde sein Vater Zacharias mit dem Heiligen Geist erfüllt…

Lobgesang des Zacharias Das Benedictus

Gepriesen sei der Herr, der Gott Israels!
Denn in seiner Gnade ist er gekommen,
um das Volk zu erlösen.
Er hat uns einen mächtigen Retter gesandt
aus dem Hause seines Knechtes David.
So hat er durch seine heiligen Propheten
verheißen schon seit uralten Zeiten:
Er werde uns vor unseren Feinden retten
und vor allen, die uns mit ihrem Haß
verfolgen. . .
Du aber, Kind,
wirst ein Prophet des Höchsten sein,
denn du wirst dem Herrn vorangehen
und ihm den Weg bereiten.
Du wirst seinem Volk die Einsicht schenken,
daß es gerettet wird durch die Vergebung der Sünden;
denn unser Gott ist reich an Erbarmen,
darum kommt zu uns
das strahlende Licht aus der Höhe.
Es wird allen leuchten, die in Finsternis sitzen
und im Dunkel des Todes;
es wird unsere Schritte
auf dem Weg des Friedens lenken.
Lukas 1

Es war im fünfzehnten Regierungsjahr des Kaisers Tiberius. Pontius Pilatus war Prokurator von Judäa, Herodes regierte in Galiäa… Johannes, der Sohn von Zacharias, hielt sich noch in der Wüste auf. Dort erreichte ihn der Ruf Gottes.

Er machte sich auf, durchzog die ganze Gegend am Jordan und verkündete: »Laßt euch taufen und fangt ein neues Leben an, dann wird Gott euch eure Schuld vergeben!«

Schon im Buch des Propheten Jesaja steht: »In der Wüste ruft einer: › Macht den Weg bereit, auf dem der Herr kommt! Baut ihm eine gute Straße! Füllt alle Täler auf, ebnet Berge und Hügel ein, beseitigt die Windungen und räumt die Hindernisse aus dem Weg. Dann werden alle Menschen sehen, wie Gott die Rettung bringt.‹ «

Die Menschen kamen in Scharen zu Johannes, um sich von ihm taufen zu lassen…

Auf viele Weise rüttelte Johannes das Volk auf und verkündete ihm seine Botschaft…

Um diese Zeit kam Jesus von Galiäa her an den Jordan, um sich von Johannes taufen zu lassen. Johannes versuchte, ihn davon abzubringen und sagte:

»Ich müßte von *dir* getauft werden, und du kommst zu mir?«

Aber Jesus antwortete: »Sträub dich nicht: Das ist es, was wir jetzt zu tun haben, damit alles geschieht, was Gott verlangt.«

Da gab Johannes nach.

Sobald Jesus getauft war, stieg er aus dem Wasser. Da öffnete sich der Himmel, und er sah den Geist Gottes wie eine Taube auf sich herabkommen. Und eine Stimme aus dem Himmel sagte:

»Dies ist mein Sohn, ihm gilt meine Liebe, ihn habe ich erwählt.«

Lukas 3; Matthäus 3

In der Wüste Juda rief Johannes der Täufer Männer und Frauen zur Umkehr.

„WENN DU GOTTES SOHN BIST…"

Vom heiligen Geist erfüllt, verließ Jesus die Jordangegend. Vierzig Tage lang wurde er vom Geist in der Wüste umhergetrieben und vom Teufel auf die Probe gestellt. Die ganze Zeit hindurch aß er nichts, so daß er schließlich sehr hungrig war.

Da sagte der Teufel zu ihm: »Wenn du Gottes Sohn bist, dann befiehl doch diesem Stein hier, er solle zu Brot werden!«

Jesus antwortete: »In den heiligen Schriften steht: ›Der Mensch lebt nicht nur von Brot.‹ «

Darauf zeigte ihm der Teufel auf einen Blick alle Reiche der Welt und sagte:

»Ich will dir die Macht über alle diese Reiche in ihrer ganzen Größe und Schönheit geben. Sie ist mir übertragen worden, und ich kann sie weitergeben, an wen ich will. Alles soll dir gehören, wenn du dich vor mir niederwirfst und mich anbetest.«

Aber Jesus sagte: »In den heiligen Schriften heißt es: ›Vor dem Herrn, deinem Gott, wirf dich nieder, ihn sollst du anbeten und niemand sonst.‹ «

Zuletzt führte ihn der Teufel nach Jerusalem, stellte ihn hoch oben auf den Tempel und sagte: »Wenn du wirklich Gottes Sohn bist, dann spring doch hinunter; denn in den heiligen Schriften steht: ›Gott wird seinen Engeln befehlen, dich zu beschützen.‹ Und: ›Sie sollen dich auf Händen tragen, damit du dich an keinem Stein stößt.‹ «

Jesus antwortete ihm: »Es heißt in den heiligen Schriften auch: ›Du sollst den Herrn, deinen Gott, nicht herausfordern.‹ «

Als der Teufel mit all dem Jesus nicht zu Fall bringen konnte, ließ er ihn vorläufig in Ruhe.

Lukas 4

In der Steinwüste wurde Jesus mit den Versuchungen konfrontiert, die sein Auftrag mit sich bringen würde.

Jesus tritt an die Öffentlichkeit

Jesus ging nach Galiäa und verkündete im Auftrag Gottes:

»Es ist soweit: Jetzt will Gott seine Herrschaft aufrichten und sein Werk vollenden. Ändert euer Leben und glaubt diese gute Nachricht?«

Markus 1

Die Antrittsrede

So kam er auch nach Nazareth, wo er aufgewachsen war, und ging, wie gewohnt, am Sabbat in die Synagoge.

Als er aufstand, um aus der Schrift vorzulesen, reichte man ihm das Buch des Propheten Jesaja. Er schlug das Buch auf und fand die Stelle, wo es heißt:

**Der Geist des Herrn ruht auf mir:
denn der Herr hat mich gesalbt.
Er hat mich gesandt, damit ich den
Armen eine gute Nachricht bringe;
damit ich den Gefangenen
die Entlassung verkünde
und den Blinden das Augenlicht;
damit ich die Zerschlagenen in Freiheit setze
und ein Gnadenjahr des Herrn ausrufe.**

Dann schloß er das Buch, gab es dem Synagogendiener und setzte sich. Die Augen aller in der Synagoge waren auf ihn gerichtet.

Da begann er, ihnen darzulegen: heute hat sich das Schriftwort, das ihr eben gehört habt, erfüllt.

Lukas 4

KOMMT MIT MIR

Zu Beginn seiner Wirksamkeit wählte Jesus einige seiner Anhänger für eine besondere Aufgabe aus, gewöhnliche Leute, unter ihnen vier Fischer...

Als Jesus am See von Galiläa entlangging, sah er zwei Brüder, die von Beruf Fischer waren, Simon, der auch Petrus genannt wird, und Andreas. Sie warfen gerade ihr Netz aus.

Jesus sagte zu ihnen: »Geht mit mir! Ich mache euch zu Menschenfischern.«

Sofort ließen sie ihre Netze liegen und folgten ihm.

Als Jesus von dort weiterging, sah er zwei andere Brüder, Jakobus und Johannes. Sie waren mit ihrem Vater Zebedäus im Boot und setzten die Netze instand. Jesus forderte sie auf, ihm zu folgen; und sofort verließen sie das Boot und ihren Vater und gingen mit ihm.
Matthäus 4

Die Seligpreisungen

Als Jesus zu den Menschen sprach, die ihm folgten – arme Leute, ohne Position oder Einfluß – stellte er alle bisherigen Vorstellungen darüber, was glücklich macht, auf den Kopf. Sind es die Reichen, die Mächtigen, die Erfolgreichen, die glücklich sind? Nein, sagte Jesus...

Selig, die arm sind vor Gott;
denn ihnen gehört das Himmelreich.
Selig die Trauernden;
denn sie werden getröstet werden.
Selig, die keine Gewalt anwenden;
denn sie werden das Land erben.
Selig, die hungern
und dürsten nach der Gerechtigkeit;
denn sie werden satt werden.
Selig die Barmherzigen;
denn sie werden Erbarmen finden.
Selig, die ein reines Herz haben;
denn sie werden Gott schauen.
Selig, die Frieden stiften;
denn sie werden
Söhne Gottes genannt werden.
Selig, die um der Gerechtigkeit willen
verfolgt werden;
denn ihnen gehört das Himmelreich.
Selig seid ihr, wenn ihr um meinetwillen
beschimpft und verfolgt
und auf alle mögliche Weise
verleumdet werdet.
Freut euch und jubelt:
Euer Lohn im Himmel wird groß sein.
Denn so wurden schon vor euch
die Propheten vefolgt.
Matthäus 5

Noch heute fahren Fischer in kleinen Booten auf dem See Genezareth zum Fischen aus.

DIE BERGPREDIGT

Das Evangelium des Matthäus enthält eine Sammlung von Lehren und Aussprüchen Jesu, die als Bergpredigt bekannt ist.

Jesu Jünger

Was das Salz für die Nahrung ist, das seid ihr für die Welt…
Ihr seid das Licht für die Welt. Eine Stadt, die auf einem Berg liegt, kann nicht verborgen bleiben. Auch brennt keiner eine Lampe an, um sie dann unter eine Schüssel zu stellen. Im Gegenteil, man stellt sie auf einen erhöhten Platz, damit sie allen im Haus leuchtet. Genauso muß auch euer Licht vor den Menschen leuchten: sie sollen eure guten Taten sehen und euren Vater im Himmel preisen.

Das enge Tor

Geht durch das enge Tor!
Denn das Tor ist weit,
das ins Verderben führt,
und der Weg dahin ist breit,
und viele gehen auf ihm.
Aber das Tor,
das zum Leben führt, ist eng,
und der Weg dahin ist schmal,
und nur wenige finden ihn.
Matthäus 7

Das Gesetz

Denkt nicht, ich sei gekommen, um das Gesetz Moses und die Weisungen der Propheten außer Kraft zu setzen. Ich bin nicht gekommen, um sie außer Kraft zu setzen, sondern um ihnen volle Geltung zu verschaffen.

Falsches Denken und falsches Tun

Ihr wißt, daß unseren Vorfahren gesagt worden ist: »Morde nicht!… Zerstöre keine Ehe!« Ich aber sage euch: Wer die Frau eines anderen auch nur ansieht und sie haben will, hat in Gedanken schon ihre Ehe zerstört.

Spenden

Wenn du also jemand hilfst, dann häng es nicht an die große Glocke!… Tu es so unauffällig, daß nicht einmal dein bester Freund etwas davon erfährt. Dein Vater, der auch das Verborgenste sieht, wird dich dafür belohnen.

Reichtümer bei Gott

Sammelt keine Reichtümer hier auf der Erde! Denn ihr müßt damit rechnen, daß Motten und Rost sie auffressen oder Einbrecher sie stehlen. Sammelt lieber Reichtümer bei Gott. Dort werden sie nicht von Motten und Rost zerfressen und können auch nicht von Einbrechern gestohlen werden. Denn euer Herz wird immer dort sein, wo ihr euren Reichtum habt.

Prioritäten

Niemand kann zwei Herren zugleich dienen. Er wird den einen vernachlässigen und den anderen bevorzugen. Er wird dem einen treu sein und den anderen hintergehen. Ihr könnt nicht beiden zugleich dienen: Gott und dem Geld.

Darum sage ich euch: Macht euch keine Sorgen um Essen und Trinken und um eure Kleidung. Das Leben ist mehr als Essen und Trinken, und der Körper ist mehr als die Kleidung. Seht euch die Vögel an! Sie säen nicht, sie ernten nicht, sie sammeln kein Vorräte - aber euer Vater im Himmel sorgt für sie. Und ihr seid ihm doch viel mehr wert als alle Vögel! Wer von euch kann durch Sorgen sein Leben auch nur um einen Tag verlängern?

Und warum macht ihr euch Sorgen um das, was ihr anziehen sollt? Seht, wie die Blumen auf den Feldern wachsen! Sie arbeiten nicht und machen sich keine Kleider; doch ich sage euch: nicht einmal Salomo bei all seinem Reichtum war so prächtig gekleidet wie irgendeine von ihnen. Wenn Gott sogar die Feldblumen so ausstattet, die heute blühen und morgen verbrannt werden, wird er sich dann nicht erst recht um euch kümmern? Habt doch mehr Vertrauen!

Macht euch also keine Sorgen! Fragt nicht: »Was sollen wir essen?« »Was sollen wir trinken?« »Was sollen wir anziehen?« Damit plagen sich Menschen, die Gott nicht kennen. Euer Vater im Himmel weiß, daß ihr all das braucht. Sorgt euch zuerst darum, daß ihr euch seiner Herrschaft unterstellt und tut, was er verlangt, dann wird er euch schon mit all dem anderen versorgen. Quält euch nicht mit Gedanken an morgen; der morgige Tag wird für sich selber sorgen. Ihr habt genug zu tragen an der Last von heute.

Andere verurteilen

Verurteilt nicht andere, damit Gott nicht euch verurteilt. Denn euer Urteil wird auf euch zurückfallen, und ihr werdet mit demselben Maß gemessen werden, das ihr bei anderen anlegt. Warum kümmerst du dich um den Splitter im Auge deines Bruders und bemerkst nicht den Balken in deinem eigenen? Wie kannst du zu deinem Bruder sagen: »Komm her, ich will dir den Splitter aus dem Auge ziehen«, wenn du selbst einen ganzen Balken im Auge hast? Du Scheinheiliger, zieh erst den Balken aus deinem Auge, dann kannst du dich um den Splitter im Auge deines Bruders kümmern.

Matthäus 5-7

Die goldene Regel

Alles, was ihr also von anderen erwartet, das tut auch ihnen! Darin besteht das Gesetz und die Propheten.

Matthäus 7

Die Lehre Jesu war radikal und neu. Aber sie war praktisch und für jedermann anwendbar.

Lehre uns beten

Jesus war den ganzen Tag von Menschen umringt. Trotzdem nahm er sich Zeit zum Beten. Seine Jünger wollten von ihm wissen, wie man betet.

Wenn du beten willst, dann geh in dein Zimmer, schließ die Tür zu und bete zu deinem Vater, der im Verborgenen ist. Dein Vater, der auch das Verborgenste sieht, wird dich dafür belohnen.

Wenn ihr betet, dann leiert nicht endlos Gebetsworte herunter wie die Heiden. Sie meinen, sie könnten bei Gott etwas erreichen, wenn sie besonders viele Worte machen. Ihr sollt es anders halten. Euer Vater weiß, was ihr braucht, bevor ihr ihn bittet. So sollt ihr beten:

Das Vaterunser

Vater unser im Himmel.
Geheiligt werde dein Name.
Dein Reich komme.
Dein Wille geschehe,
wie im Himmel, so auf Erden.
Unser tägliches Brot gib uns heute.
Und vergib uns unsere Schuld,
wie auch wir vergeben unsern Schuldigern.
Und führe uns nicht in Versuchung,
sondern erlöse uns von dem Bösen.
Denn dein ist das Reich und die Kraft
und die Herrlichkeit in Ewigkeit. Amen.
Matthäus 6

Bittet, und ihr werdet bekommen! Sucht, und ihr werdet finden! Klopft an, und man wird euch öffnen! Denn wer bittet, der bekommt; wer sucht, der findet; und wer anklopft, dem wird geöffnet.

Wer von euch würde seinem Kind einen Stein geben, wenn es um Brot bittet? Oder eine Schlange, wenn es um Fisch bittet? So schlecht ihr auch seid, wißt ihr doch, was euren Kindern gut tut, und gebt es ihnen. Wieviel mehr wird euer Vater im Himmel denen Gutes geben, die ihn darum bitten.
Matthäus 7

Aber auch das sage ich euch: Wenn zwei von euch auf der Erde gemeinsam um irgend etwas bitten, wird es ihnen von meinem Vater im Himmel gegeben werden. Denn wo zwei oder drei in meinem Namen zusammenkommen, da bin ich selbst in ihrer Mitte.
Matthäus 18

Jesus pflegte sich auf die Hügel am See Genezareth zurückzuziehen, um zu beten; oft betete er vor Morgengrauen für den anstrengenden Tag, der vor ihm lag.

EIN LEBEN DER LIEBE

Jesu eigenes Leben – und sein Tod – sind eine einzige Demonstration für die tätige Liebe Gottes, die sich einsetzt bis zum Äußersten.
Auch seine Nachfolger ruft Jesus zu einem Leben der Liebe auf.
Jemand fragte einmal, welches das wichtigste Gebot Gottes sei…

Jesus antwortete: » ›Liebe den Herrn, deinen Gott, von ganzem Herzen, mit ganzem Willen und mit deinem ganzen Verstand!‹ Dies ist das größte und wichtigste Gebot. Das zweite ist gleich wichtig: ›Liebe deinen Mitmenschen wie dich selbst!‹ In diesen beiden Geboten ist alles zusammengefaßt, was das Gesetz und die Propheten fordern.«
Matthäus 22

Dies ist mein Gebot: Ihr sollt einander so lieben, wie ich euch geliebt habe. Niemand liebt mehr als der, der sein Leben für seine Freunde opfert.
Johannes 15

Euch, die ihr mir zuhört, sage ich: Liebt eure Feinde; tut denen Gutes, die euch hassen; segnet die, die euch verfluchen, und betet für alle, die euch schlecht behandeln. Wenn dich einer auf die Backe schlägt, dann halte ihm auch die andere hin. Wenn dir jemand die Jacke wegnimmt, dann gib ihm noch das Hemd dazu. Wenn einer dich um etwas bittet, dann gib es ihm, und wenn einer dir etwas wegnimmt, dann fordere es nicht zurück. Behandelt jeden so, wie ihr selbst von ihm behandelt sein wollt.

Warum erwartet ihr von Gott eine Belohnung, wenn ihr nur die liebt, die auch auch lieben? Das tun sogar die Menschen, die nicht nach Gott fragen. Warum erwartet ihr eine Belohnung, wenn ihr nur die gut behandelt, die euch auch gut behandeln? Das können die anderen auch… Nein, eure Feinde sollt ihr lieben! Tut Gutes und leiht, ohne etwas zurückzuerwarten!… Werdet barmherzig, so wie euer Vater barmherzig ist!
Lukas 6

Praktizierte Nächstenliebe
»Der barmherzige Samariter«

Als Antwort auf die Frage »Wer ist mein Nächster?« erzählte Jesus diese Geschichte über einen der Samaritaner, Leute, auf die fromme Juden verächtlich herabblickten.

»Ein Mann ging von Jerusalem nach Jericho. Unterwegs überfielen ihn Räuber. Sie nahmen ihm alles weg, schlugen ihn zusammen und ließen ihn halbtot liegen.

Nun kam zufällig ein Priester denselben Weg. Er sah den Mann liegen, machte einen Bogen um ihn und ging vorbei.

Genauso machte es ein Levit: er sah ihn und ging vorbei. Schließlich kam ein Mann aus Samarien. Als er den Überfallenen sah, hatte er Mitleid. Er ging zu ihm hin, behandelte seine Wunden mit Öl und Wein und verband sie. Dann setzte er ihn auf sein eigenes Reittier und brachte ihn in das nächste Gasthaus, wo er sich um ihn kümmerte. Am anderen Tag gab er dem Wirt zwei Silberstücke und sagte:

›Pflege ihn! Wenn du noch mehr brauchst, will ich es dir bezahlen, wenn ich zurückkomme.‹ «

»Was meinst du?« fragte Jesus. »Wer von den dreien hat an dem Überfallenen als Mitmensch gehandelt?«

Der Gesetzeslehrer antwortete: »Der ihm geholfen hat!«

Jesus erwiderte: »Dann geh und mach es ebenso!«

Lukas 10

Die Straße von Jerusalem nach Jericho, Kulisse der Geschichte Jesu vom Barmherzigen Samariter, führt steil hinab durch felsiges Wüstengebiet. Die Hörer konnten sich leicht vorstellen, wie dort ein Mann ausgeraubt und niedergeschlagen wird.

DAS REICH GOTTES

Jesus erzählte oft »Gleichnisse«, Geschichten aus dem täglichen Leben, um seine Lehren zu verdeutlichen. Aber sie waren mehr als einfach Illustrationen. »Aus dem Grund benutze ich Gleichnisse, wenn ich zu ihnen spreche,« sagte Jesus, »weil sie sehen, aber nichts erkennen, hören, aber nichts begreifen.« Die Menschen haben »ihre Ohren verstopft« und ihre Augen verschlossen für Gottes Botschaft. Nur wer wirklich verstehen und Jesus nachfolgen will, wird den Sinn der Gleichnisse begreifen. Jesus wendete sich also nicht an die Neugier, sondern an den Willen seiner Zuhörer.

Der Sauerteig

Oder es ist wie beim Sauerteig: Eine Frau mengt ihn unter einen halben Zentner Mehl, und er macht den ganzen Teig sauer.

Das Gleichnis vom Sämann

**Ein Sämann ging aufs Feld, um zu säen.
Als er säte,
fiel ein Teil der Körner auf den Weg,
und die Vögel kamen und fraßen sie.
Ein anderer Teil fiel auf felsigen Boden,
wo es nur wenig Erde gab,
und ging sofort auf,
weil das Erdreich nicht tief war;
als aber die Sonne hochstieg,
wurde die Saat versengt und verdorrte,
weil sie keine Wurzeln hatte.
Wieder ein anderer Teil fiel in die Dornen,
und die Dornen wuchsen
und erstickten die Saat.
Ein anderer Teil schließlich fiel
auf guten Boden und brachte Frucht,
teils hundertfach, teils sechzigfach,
teils dreißigfach.
Wer Ohren hat, der höre!. . .**

**Hört also,
was das Gleichnis vom Sämann bedeutet.
Immer wenn ein Mensch das Wort
vom Reich hört und es nicht versteht,
kommt der Böse und nimmt alles weg,
was diesem Menschen ins Herz gesät wurde;
hier ist der Samen auf den Weg gefallen.
Auf felsigen Boden
ist der Samen bei dem gefallen,
der das Wort hört
und sofort freudig aufnimmt,
aber keine Wurzeln hat,
sondern unbeständig ist;
sobald er um des Wortes willen
bedrängt oder verfolgt wird,
kommt er zu Fall.
In die Dornen ist der Samen bei dem gefallen,
der das Wort zwar hört,
aber dann ersticken es
die Sorgen dieser Welt
und der trügerische Reichtum,
und es bringt keine Frucht.
Auf guten Boden ist der Samen
bei dem gesät, der das Wort hört
und es auch versteht;
er bringt dann Frucht,
hundertfach oder sechzigfach
oder dreißigfach.**
Matthäus 13

Das Senfkorn

Wenn Gott seine Herrschaft aufrichtet, geht es ähnlich zu wie bei einem Senfkorn, das jemand auf seinen Acker gesät hat. Es gibt keinen kleineren Samen; aber was daraus wächst, wird größer als alle anderen Gartenpflanzen. Es wird ein richtiger Baum, in dessen Zweigen die Vögel nisten können.

Der versteckte Schatz

Mit der neuen Welt, in die Gott die Menschen ruft, ist es wie mit einem Schatz, der in einem Feld vergraben war. Ein Mann findet ihn und deckt ihn schnell wieder zu. In seiner Freude verkauft er alles, was er hat, und kauft das Feld.

Die Perle

Wer Gottes Einladung versteht, der handelt wie ein Kaufmann, der schöne Perlen sucht. Wenn er eine entdeckt, die besonders wertvoll ist, verkauft er alles, was er hat, und kauft sie.
Matthäus 13

Jesus benutzte anschauliche Beispiele aus dem täglichen Leben der Bauern und vom Markt, um seinen Hörern seine Botschaft zu verdeutlichen.

„Du musst von neuem geboren werden"

Jesus kam nicht nur, um das Reich Gottes anzukündigen und den Menschen davon zu erzählen. Er kam, um sie dazu einzuladen – nicht als fremde Gäste, sondern als Gottes eigene Söhne und Töchter. Einem erklärte er das so…

Einer der führenden jüdischen Männer war Nikodemus; er gehörte zu den Pharisäern. Eines Nachts kam er zu Jesus und sagte zum Ihm: »Wir wissen, daß Gott dich gesandt und dich als Lehrer bestätigt hat. Nur mit Gottes Hilfe kann jemand solche Taten vollbringen, wie du sie tust.«

Jesus antwortete: »Ich versichere dir: nur wer von neuem geboren ist, wird Gottes neue Welt zu sehen bekommen.«

»Wie kann ein erwachsener Mensch noch einmal geboren werden?« fragte Nikodemus. »Er kann doch nicht in den Leib seiner Mutter zurückkehren und ein zweites Mal auf die Welt kommen!«

Jesus sagte: »Ich versichere dir: nur wer von Wasser und Geist geboren wird, kann in Gottes neue Welt hineinkommen. Was Menschen zur Welt bringen, ist und bleibt menschlich. Geistliches aber kann nur vom Geist Gottes geboren werden…

Genauso muß auch der Menschensohn erhöht werden. Dann wird jeder, der ihm vertraut, durch ihn das ewige Leben finden.

Gott liebt die Menschen so sehr, daß er seinen einzigen Sohn hergab. Nun wird jeder, der sein Vertrauen auf den Sohn Gottes setzt, nicht zugrunde gehen, sondern ewig leben. Gott sandte ihn nicht in die Welt, um die Menschen zu verurteilen, sondern um sie zu retten.«
Johannes 3

Können Menschen tatsächlich wie Kinder werden?
Können sie noch einmal geboren werden?

Jesus und die Kinder

Da brachte man Kinder zu ihm,
damit er ihnen die Hände auflegte
und für sie betete.
Die Jünger aber wiesen die Leute schroff ab.
Doch Jesus sagte: »Laßt die Kinder
zu mir kommen; hindert sie nicht daran!
Denn Menschen wie ihnen gehört
das Himmelreich.«
Dann legte er ihnen die Hände auf.
Matthäus 19

Amen, das sage ich euch:
Wenn ihr nicht umkehrt
und wie die Kinder werdet,
könnt ihr nicht
in das Himmelreich kommen.
Matthäus 18

Allen aber, die ihn aufnahmen,
gab er Macht, Kinder Gottes zu werden,
allen, die an seinen Namen glauben,
die nicht aus dem Blut,
nicht aus dem Willen des Fleisches,
nicht aus dem Willen des Mannes,
sondern aus Gott geboren sind.
Johannes 1

VERGEBUNG EMPFANGEN UND GEWÄHREN

Durch Jesus wissen wir: Gott bietet seine Vergebung allen an, die zu ihm umkehren, ihr Verschulden bereuen und einen neuen Anfang machen wollen.
Aber von solchen, denen Gott freimütig vergeben hat, wird erwartet, daß sie ihrerseits vergeben.

Petrus wandte sich an Jesus und fragte ihn: »Herr, wenn mein Bruder an mir schuldig wird, wie oft muß ich ihm verzeihen? Siebenmal?« »Nein, nicht siebenmal«, antwortete Jesus, »sondern siebzigmal siebenmal!«
Matthäus 18

Vollmacht zu vergeben

Jesus... sagte zu dem Gelähmten: »Hab keine Angst! Deine Schuld ist dir vergeben.«

Da dachten einige Gesetzeslehrer: »Dieser Mann lästert Gott!«

Jesus wußte, was sie dachten, und sagte: »Warum habt ihr so böse Gedanken? Was ist leichter – zu sagen: › Deine Schuld ist dir vergeben ‹, oder: › Steh auf und geh? ‹ Aber ihr sollt sehen, daß der Menschensohn von Gott die Vollmacht hat, hier auf der Erde Schuld zu vergeben.« Und er sagte zu dem Gelähmten: »Steh auf, nimm deine Bahre und geh nach Hause!«

Der Mann stand auf und ging nach Hause. Als die Leute das sahen, befiel sie große Furcht, und sie priesen Gott, daß er den Menschen solche Vollmacht gegeben hat.
Matthäus 9

Was Jesus lehrt, hat mit den Bedürfnissen und den Beziehungen der Menschen in ihrem täglichen Leben zu tun.

Ein Mann, der Millionen schuldete

Ein König wollte mit den Verwaltern seiner Güter abrechnen. Gleich zu Beginn brachte man ihm einen Mann, der ihm einen Millionenbetrag schuldete. Da er nicht zahlen konnte, befahl der Herr, ihn selbst mit Frau und Kindern und seinem ganzen Besitz zu verkaufen und den Erlös für die Tilgung der Schulden zu verwenden. Aber der Schuldner warf sich vor ihm nieder und bat:

»Hab doch Geduld mit mir! Ich will dir ja alles zurückzahlen.« Da bekam der Herr Mitleid; er gab ihn frei, und auch die Schuld erließ er ihm.

Kaum draußen, traf dieser Mann auf einen Kollegen, der ihm einen geringen Betrag schuldete. Den packte er an der Kehle, würgte ihn und sagte:

»Gib zurück, was du mir schuldest!«

Der Schuldner fiel auf die Knie und bettelte: »Hab Geduld mit mir! Ich will es dir ja zurückgeben!«

Aber darauf wollte sein Gläubiger nicht eingehen, sondern ließ ihn sofort ins Gefängnis werfen, bis er die Schuld beglichen hätte.

Als das die anderen sahen, waren sie bestürzt. Sie liefen zu ihrem Herrn und erzählten ihm, was geschehen war. Er ließ den Mann kommen und sagte:

»Was bist du für ein böser Mensch! Ich habe dir deine ganze Schuld erlassen, weil du mich darum gebeten hast. Hättest du nicht auch Erbarmen mit deinem Kollegen haben können, so wie ich es mit dir gehabt habe?« Dann übergab er ihn voller Zorn den Folterknechten zur Bestrafung, bis die ganze Schuld zurückgezahlt wäre.

So wird euch mein Vater im Himmel auch behandeln, wenn ihr eurem Bruder nicht von Herzen verzeiht.

Matthäus 18

Die Einladung

Kommt alle zu mir, die ihr euch plagt
und schwere Lasten zu tragen habt.
Ich werde euch Ruhe verschaffen.
Nehmt mein Joch auf euch und lernt von mir;
denn ich bin gütig und von Herzen demütig;
so werdet ihr Ruhe finden für eure Seele.
Denn mein Joch drückt nicht,
und meine Last ist leicht.
Matthäus 11

Zachäus

Jesus kam nach Jericho und zog durch die Stadt.

Dort lebte ein Mann namens Zachäus. Er war der oberste Zolleinnehmer und war sehr reich. Er wollte unbedingt sehen, wer dieser Jesus sei. Aber er war klein, und die Menschenmenge versperrte ihm die Sicht. So lief er voraus und kletterte auf einen Maulbeerfeigenbaum, um Jesus sehen zu können, wenn er vorbeizog.

Als Jesus an die Stelle kam, schaute er hinauf und redete ihn an: »Zachäus, komm schnell herunter, ich muß heute dein Gast sein!« Zachäus stieg sofort vom Baum und nahm Jesus mit großer Freude bei sich auf.

Alle waren darüber entrüstet, daß Jesus bei einem so schlechten Menschen einkehrte.

Aber Zachäus wandte sich an den Herrn und sagte zu ihm: »Herr, ich verspreche dir, ich werde die Hälfte meines Besitzes den Armen geben. Und wenn ich jemand betrogen habe, will ich ihm das Vierfache zurückgeben.«

Da sagte Jesus zu ihm: »Heute hast du mit deiner ganzen Familie die Rettung erfahren. Denn trotz allem bist auch du ein Nachkomme Abrahams. Der Menschensohn ist gekommen, um die Verlorenen zu suchen und zu retten.«
Lukas 19

Das Gleichnis vom großen Fest

Darauf erzählte ihm Jesus ein Gleichnis: »Ein Mann hatte viele Leute zu einem großen Essen eingeladen.

Als es soweit war, schickte er seinen Diener, um die Gäste zu bitten: ›Kommt! Alles ist hergerichtet.‹

Aber einer nach dem anderen begann, sich zu entschuldigen. Der erste erklärte: ›Ich habe ein Stück Land gekauft, das muß ich mir jetzt unbedingt ansehen; bitte entschuldige mich.‹

Ein anderer sagte: ›Ich habe fünf Ochsengespanne gekauft und will gerade sehen, ob sie etwas taugen; bitte entschuldige mich.‹

Ein dritter sagte: ›Ich habe eben erst geheiratet, darum kann ich nicht kommen.‹

Der Diener kam zurück und berichtete alles seinem Herrn. Da wurde der Herr zornig und befahl ihm: ›Lauf schnell auf die Straßen und Gassen der Stadt und hol die Armen, Verkrüppelten, Blinden und Gelähmten her.‹

Der Diener kam zurück und meldete: ›Herr, ich habe deinen Befehl ausgeführt, aber es ist immer noch Platz da.‹

Der Herr sagte zu ihm: ›Geh auf die Feldwege und an die Hecken und Zäune und dränge die Leute zu kommen, damit mein Haus voll wird!‹ Das aber versichere ich euch: von den zuerst geladenen Gästen kommt mir keiner an meinen Tisch!«
Lukas 14

»Kommt zu mir«, sagte Jesus zu denen, die »mühselig und beladen« waren, zum Beispiel zu Zachäus aus der Stadt Jericho, die hier abgebildet ist.

BROT FÜR DIE HUNGRIGEN

... es war ein ständiges Kommen und Gehen, so daß sie nicht einmal Zeit zum Essen hatten. Sie mußten einfach einen ruhigen Platz suchen, um sich auszuruhen. So ruderten sie über den See Genezareth. Aber die Leute sahen sie wegrudern und liefen am Ufer voraus, um Jesus und seine Jünger an der Landestelle zu erwarten. Jesus fühlte Mitleid und predigte zu ihnen den Rest des Tages...

Die Jünger kamen zu Jesus und sagten: »Es ist schon spät, und die Gegend hier ist einsam. Darum schick die Leute in die Dörfer und Gehöfte ringsum, damit sie sich etwas zu essen kaufen.«

»Warum?« erwiderte Jesus. »Gebt doch ihr ihnen zu essen!«

Sie wandten ein: »Dann müßten wir ja für zweihundert Silberstücke Brot einkaufen!« Aber Jesus befahl ihnen: »Seht nach, wieviele Brote ihr hier habt!« Sie taten es und berichteten: »Fünf Brote sind da und zwei Fische.«

Jesus wies die Jünger an, sie sollten die Leute auffordern, Gruppen zu bilden und sich ins Gras zu setzen. So lagerten sich die Leute in Gruppen zu hundert und zu fünfzig. Dann nahm Jesus die fünf Brote und die zwei Fische, sah zum Himmel auf und dankte Gott. Er brach die Brote in Stücke, gab sie den Jüngern, und die verteilten sie. Dann teilte er auch die beiden Fische aus. Alle bekamen genug zu essen.

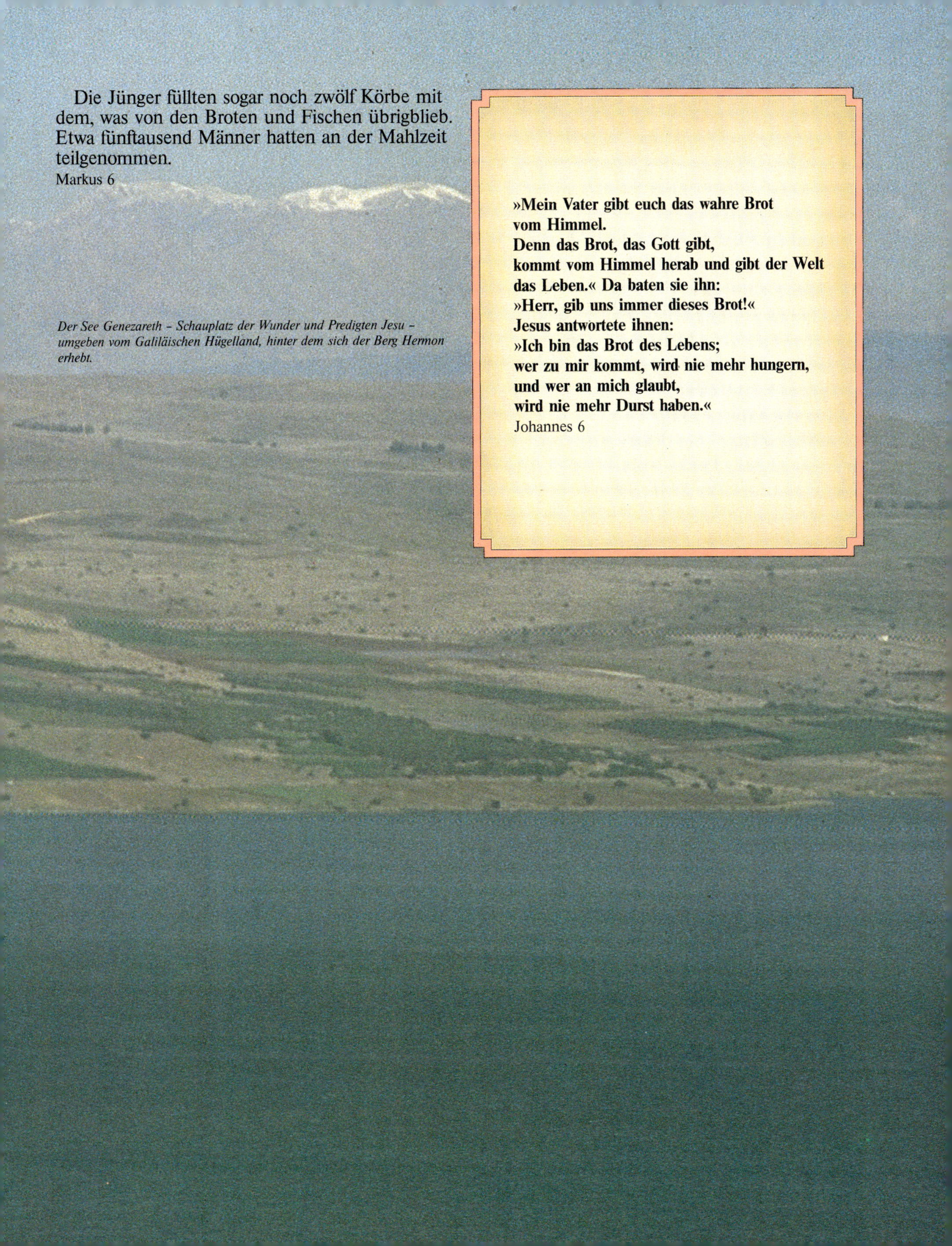

Die Jünger füllten sogar noch zwölf Körbe mit dem, was von den Broten und Fischen übrigblieb. Etwa fünftausend Männer hatten an der Mahlzeit teilgenommen.
Markus 6

Der See Genezareth – Schauplatz der Wunder und Predigten Jesu – umgeben vom Galiläischen Hügelland, hinter dem sich der Berg Hermon erhebt.

**»Mein Vater gibt euch das wahre Brot
vom Himmel.
Denn das Brot, das Gott gibt,
kommt vom Himmel herab und gibt der Welt
das Leben.« Da baten sie ihn:
»Herr, gib uns immer dieses Brot!«
Jesus antwortete ihnen:
»Ich bin das Brot des Lebens;
wer zu mir kommt, wird nie mehr hungern,
und wer an mich glaubt,
wird nie mehr Durst haben.«**
Johannes 6

„FOLGT MIR"

Jesus zog viele Menschen an. Zahlreiche Kranke kamen zu ihm, um geheilt zu werden. Einige wollten hören, was er zu sagen hätte. Manche waren einfach nur neugierig, ihn einmal zu sehen oder ein Wunder mitzuerleben. Kaum wies er jedoch darauf hin, was er von einem Nachfolger verlangte, gingen viele weg.

Keine Angst!

Meine Freunde, ich sage euch: Fürchtet euch nicht vor Menschen! Sie können nur den Leib töten, aber darüber hinaus können sie euch nichts anhaben. Ich will euch sagen, wen ihr fürchten sollt: Fürchtet den, der nicht nur töten kann, sondern auch noch die Macht hat, euch ins ewige Verderben zu schicken. Ja, ich sage euch, den sollt ihr fürchten!

Kauft man nicht fünf Spatzen für zwei Groschen? Und doch denkt Gott an jeden einzelnen von ihnen. Bei euch aber ist sogar jedes Haar auf dem Kopf gezählt. Habt keine Angst: Ihr seid Gott mehr wert als ein ganzer Schwarm von Spatzen!

Lukas 12

Der Einsatz...

Wer sich mir anschließen will, der muß bereit sein, mit Vater und Mutter zu brechen, ebenso mit Frau und Kindern, Brüdern und Schwestern, und sogar das eigene Leben aufzugeben. Sonst kann er nicht mein Jünger sein. Wer nicht sein Kreuz trägt und mir auf meinem Weg folgt, der kann nicht mein Jünger sein.

Wenn jemand von euch ein Haus bauen will, setzt er sich doch auch zuerst hin und überschlägt die Kosten. Er muß ja sehen, ob sein Geld dafür reicht.

Lukas 14

Wer mit mir gehen will, der muß sich und seine Wünsche aufgeben. Er muß sein Kreuz auf sich nehmen und mir auf meinem Weg folgen. Denn wer sein Leben retten will, wird es verlieren. Aber wer sein Leben für mich und für die Gute Nachricht verliert, wird es retten. Was hat ein Mensch davon, wenn er die ganze Welt gewinnt, aber zuletzt sein Leben verliert? Womit will er es dann zurückkaufen?

Markus 8

...und die Belohnung

Petrus sagte zu ihm:

»Du weißt, wir haben alles stehen- und

liegenlassen und sind mit dir gegangen. Was haben wir davon?«

Jesus antwortete: »Ich versichere euch: wenn Gott die Welt erneuert und der Menschensohn in seiner ganzen Herrlichkeit auf dem Thron Platz nimmt, dann werdet auch ihr, die ihr mir gefolgt seid, auf zwölf Thronen sitzen und über die zwölf Stämme Israels Gericht halten. Jeder, der um meinetwillen sein Haus, seine Geschwister, Eltern oder Kinder oder seinen Besitz zurückgelassen hat, der wird das alles hundertfach wiederbekommen und dazu das ewige Leben. Aber viele, die jetzt vorn sind, werden dann am Schluß stehen, und viele, die jetzt die Letzten sind, werden schließlich die Ersten sein.«

Matthäus 19

Der Geringste und der Größte

Wie ihr wißt, unterdrücken die Herrscher ihre Völker, und die Großen mißbrauchen ihre Macht. Aber so soll es bei euch nicht sein. Wer von euch etwas Besonderes sein will, der soll den anderen dienen, und wer von euch an der Spitze stehen will, soll sich allen unterordnen. Auch der Menschensohn ist nicht gekommen, um sich bedienen zu lassen, sondern um zu dienen und sein Leben als Lösegeld für alle Menschen hinzugeben.

Matthäus 20

Ein Mann sprach Jesus an: »Ich bin bereit, dir überallhin zu folgen.«

Jesus sagte zu ihm: »Die Füchse haben ihren Bau und die Vögel ihr Nest; aber der Menschensohn hat keinen Platz, wo er sich hinlegen und ausruhen kann.«

Zu einem anderen sagte Jesus: »Geh mit mir!« Er aber antwortete: »Herr, erlaube mir, erst noch meinen Vater zu begraben.«

Jesus sagte zu ihm: »Laß doch die Toten ihre Toten begraben! Du aber geh und verkünde, daß Gott jetzt seine Herrschaft aufrichten will!«

Ein anderer sagte: »Herr, ich will ja gerne mitkommen, aber laß mich erst noch von meiner Familie Abschied nehmen.«

Jesus sagte zu ihm: »Wer seine Hand an den Pflug legt und zurückschaut, den kann Gott nicht gebrauchen, wenn er jetzt seine Herrschaft aufrichten will.«

Lukas 9

FREIHEIT!

Jesus setzte alles dran, um uns zu befreien. Wenn er jemand heilte, befreite er nicht einfach von Schmerz und Behinderung durch die Krankheit, sondern von einer weit ernsteren »Versklavung«, der unerbittlichen Macht der Sünde. Diese Freiheit bot er allen an, Kranken und Gesunden.

Freie und Sklaven

Jesus sagte zu denen, die Vertrauen zu ihm gefaßt hatten: »Wenn ihr euch an mein Wort haltet, seid ihr wirklich meine Jünger. Dann werdet ihr die Wahrheit erkennen, und die Wahrheit wird euch frei machen.«

»Wir stammen von Abraham ab«, antworteten sie ihm, »und wir haben nie jemand als Sklaven gedient. Was meinst du, wenn du sagst: ›Ihr werdet frei werden‹ ?«

Jesus sagte zu ihnen: »Täuscht euch nicht! Jeder, der sündigt, ist ein Sklave der Sünde. Ein Sklave gehört nicht für immer zur Familie. Nur der Sohn gehört für immer dazu. Wenn der Sohn Gottes euch frei macht, dann seid ihr wirklich frei.«

Johannes 8

Hinter dem Vogel erhebt sich jenseits des Sees Genezareth das Gebiet, in dem Jesus den besessenen Mann heilte.

Ein extremer Fall

Sie fuhren weiter und erreichten das Gebiet von Gerasa, das Galiläa gegenüber am anderen Seeufer liegt. Als Jesus aus dem Boot stieg, lief ihm ein Mann aus jener Stadt entgegen. Er war von bösen Geistern besessen. Kleider trug er schon lange nicht mehr; er war auch nicht im Haus festzuhalten, sondern lebte in den Grabhöhlen. Als er Jesus sah, schrie er auf, warf sich vor ihm zu Boden und rief: »Was willst du von mir, Jesus, du Sohn des höchsten Gottes? Bitte, quäle mich doch nicht!«

Jesus hatte nämlich dem bösen Geist befohlen, den Mann zu verlassen. Der hatte ihn schon lange in seiner Gewalt. Man hatte den Mann zwar immer wieder wie einen Gefangenen an Händen und Füßen gefesselt, aber jedesmal hatte er die Ketten zerrissen und war von dem bösen Geist in die Wildnis getrieben worden. Jesus fragte ihn: »Wie heißt du?«

Er antwortete: »Ich heiße Legion.« Es waren nämlich viele böse Geister in den Mann gefahren. Die baten Jesus: »Verbanne uns nicht in den Abgrund!«

In der Nähe weidete eine Schweineherde auf dem Berg, und sie baten ihn, in die Schweine fahren zu dürfen. Jesus erlaubte es ihnen. Da verließen sie den Mann und fuhren in die Schweine, und die ganze Herde stürzte sich über das steile Ufer in den See und ertrank.

Als die Schweinehirten das sahen, liefen sie davon und erzählten in der Stadt und in den Dörfern, was geschehen war. Die Leute wollten es selbst sehen. Sie kamen zu Jesus und fanden den Mann, aus dem er die bösen Geister ausgetrieben hatte, zu seinen Füßen sitzen. Er war ordentlich angezogen und bei klarem Verstand. Da befiel sie große Furcht.

Lukas 8

Die verkrüppelte Frau

Einmal sprach Jesus am Sabbat in einer Synagoge. Unter den Zuhörern war eine Frau, die schon achtzehn Jahre lang krank war. Sie war verkrümmt und konnte sich überhaupt nicht mehr aufrichten.

Als Jesus sie sah, rief er sie zu sich und sagte zu ihr: »Du sollst deine Krankheit los sein!« Er legte ihr die Hände auf, und im gleichen Augenblick konnte sie sich wieder aufrichten. Da pries sie Gott.

Lukas 13

DIE ZWÖLF

Jesus rief die zu sich, die er bei sich haben wollte. Sie traten zu ihm. Auf diese Weise setzte er einen Kreis von zwölf Männern ein, die ständig bei ihm sein sollten. Später wollte er sie aussenden, damit sie die Gute Nachricht verkünden. Sie sollten auch die Vollmacht bekommen, böse Geister auszutreiben.

Die zwölf, die Jesus dafür bestimmte, waren: Simon, dem er den Namen Petrus gab; Jakobus und Johannes, die Söhne von Zebedäus, die er Donnersöhne nannte; dazu Andreas, Philippus, Bartholomäus, Matthäus, Thomas, Jakobus, der Sohn von Alphäus, Thaddäus, Simon, der zur Partei der Zeloten gehört hatte, und Judas Iskariot, der Jesus später verriet.
Markus 3

Matthäus, der Zolleinnehmer

Jesus ging weiter und sah einen Zolleinnehmer in seinem Zollhaus sitzen. Er hieß Matthäus. Jesus sagte zu ihm: »Geh mit mir!«

Und Matthäus stand auf und folgte ihm.

Später war Jesus bei Matthäus zu Gast. Da kamen viele Zolleinnehmer und andere, die einen ebenso schlechten Ruf hatten, um mit ihm und seinen Jüngern zu essen.

Einige Pharisäer sahen es und fragten die Jünger: »Wie kann euer Lehrer sich mit Zolleinnehmern und ähnlichem Gesindel an einen Tisch setzen?«

Jesus hörte es und antwortete: »Nicht die Gesunden brauchen den Arzt, sondern die Kranken… Ich soll nicht die in Gottes neue Welt einladen, bei denen alles in Ordnung ist, sondern die ausgestoßenen Sünder.«
Matthäus 9

Einige der engsten Nachfolger Jesu waren Fischer am See Genezareth.

„WER BIST DU?"

Johannes der Täufer war mittlerweile in Schwierigkeiten. Unverblümt hatte er König Herodes gesagt, er dürfe nicht die Frau des eigenen Bruders heiraten. Das brachte ihn ins Gefängnis. Aber Nachrichten über das, was Jesus tat, erreichten ihn selbst dort. War Jesus der versprochene Messias?

Der Täufer Johannes hatte im Gefängnis von den Taten Christi gehört, darum schickte er einige seiner Jünger zu ihm.

»Bist du der Retter, der kommen soll«, ließ er fragen, »oder müssen wir auf einen anderen warten?«

Jesus antwortete ihnen: »Geht zurück zu Johannes und berichtet ihm, was ihr hört und seht: Blinde sehen, Gelähmte gehen, Aussätzige werden gesund, Taube hören, Tote stehen auf, und den Armen wird die Gute Nachricht verkündet. Freuen darf sich jeder, der nicht an mir irre wird!«

Matthäus 11

Daß das Evangelium den Armen (links) gepredigt wurde, war für Johannes den Täufer der Beweis, daß Jesus wirklich der versprochene Messias war. Die Schafe auf den Hügeln um den See Genezareth erinnern uns an die Lämmer, die in biblischer Zeit für die Sünden geopfert wurden.

»Das Lamm Gottes«

Seht, das Lamm Gottes, das die Sünde der Welt hinwegnimmt.
Er ist es, von dem ich gesagt habe: Nach mir kommt ein Mann, der mir voraus ist, weil er vor mir war.
Johannes 1

Ihr selbst könnt mir bezeugen, daß ich gesagt habe: »Ich bin nicht der Messias, sondern nur ein Gesandter, der ihm vorausgeht.«
Wer die Braut hat, ist der Bräutigam;
der Freund des Bräutigams aber,
der dabeisteht und ihn hört,
freut sich über die Stimme des Bräutigams.
Diese Freude ist nun für mich
Wirklichkeit geworden.
Er muß wachsen, ich aber muß kleiner werden.
Johannes 3

„DIES IST MEIN SOHN"

Johannes enthauptet!
Diese Nachricht erreichte Jesus.
Einige Zeit später wanderten Jesus und seine Jünger in den weiter entfernten Norden Israels.

Als Jesus in die Gegend der Stadt Cäsarea Philippi kam, fragte er seine Jünger: »Für wen halten die Leute den Menschensohn?«

Sie antworteten: »Einige halten dich für den Täufer Johannes, andere für Elija, und wieder andere meinen, du seist Jeremia oder sonst einer von den Propheten.«

»Und ihr«, wollte Jesus wissen, »für wen haltet ihr mich?«

Da sagte Simon Petrus: »Du bist Christus, der Sohn des lebendigen Gottes!«...

Danach erklärte Jesus seinen Jüngern zum erstenmal, was ihm bevorstand: »Ich muß nach Jerusalem gehen. Dort werde ich durch die Ratsältesten, die führenden Priester und die Gesetzeslehrer vieles erleiden müssen. Man wird mich töten, doch am dritten Tag werde ich auferweckt werden.«

Sechs Tage später nahm Jesus Petrus und die beiden Brüder Jakobus und Johannes mit sich und führte sie auf einen hohen Berg. Sonst war niemand bei ihnen. Vor den Augen der Jünger ging mit Jesus eine Verwandlung vor: sein Gesicht leuchtete wie die Sonne, und seine Kleider wurden strahlend weiß. Auf einmal sahen sie Mose und Elija bei Jesus stehen und mit ihm reden.

Da sagte Petrus zu Jesus: »Wie gut, daß wir hier sind, Herr! Wenn du willst, schlage ich hier drei Zelte auf, eins für dich, eins für Mose und eins für Elija.«

Während er noch redete, erschien eine leuchtende Wolke über ihnen, und eine Stimme aus der Wolke sagte: »Dies ist mein Sohn, ihm gilt meine Liebe, ihn habe ich erwählt. Auf ihn sollt ihr hören!«

Matthäus 16 und 17

Ausgerechnet in Caesarea Philippi bekannte sich Petrus zu Jesus als dem »Messias, Sohn des lebendigen Gottes«. Diese Stadt war nicht nur dem römischen Kaiser geweiht, sie war auch ein Zentrum der Verehrung des Naturgottes Pan, und hier entspringt der Jordan, die Quelle des Lebens und der Fruchtbarkeit in Israel. Über der alten Stadt erhebt sich der Berg Hermon (links), ein angemessener Ort der Verklärung Jesu.

Licht für eine dunkle Welt

Ich bin das Licht der Welt. Wer mir folgt, hat das Licht, das zum Leben führt, und wird nicht mehr im Dunkeln tappen.
Johannes 8

In der Dunkelheit

Das Licht ist in die Welt gekommen, aber die Menschen hatten die Dunkelheit lieber als das Licht; denn ihre Taten waren schlecht. Jeder, der Böses tut, haßt das Licht und bleibt im Dunkeln, damit seine schlechten Taten nicht sichtbar werden. Aber wer der Wahrheit gehorcht, kommt zum Licht; denn das Licht macht sichtbar, daß er mit seinen Taten Gott gehorsam war.
Johannes 3

Licht auf dem Weg

Das Licht wird noch kurze Zeit unter euch sein. Geht euren Weg, solange es hell ist, damit die Dunkelheit euch nicht überfällt! Wer im Dunkeln geht, weiß nicht, wohin sein Weg führt. Haltet euch an das Licht, solange ihr es habt! Dann werdet ihr Menschen, die im Licht leben.
Johannes 12

Von der Dunkelheit ins Licht

Wer mir vertraut, der vertraut nicht mir, sondern dem, der mich gesandt hat. Wer mich sieht, der sieht den, der mich gesandt hat. Ich bin als Licht in die Welt gekommen, damit jeder, der mir vertraut, nicht im Dunklen bleibt.
Johannes 12

Der Teich von Siloah war das Ergebnis einer uralten technischen Glanzleistung: das Wasser wurde durch einen in den Fels gehauenen Tunnel herangeleitet. Hier wurde der Blindgeborene geheilt und mit neuem Leben beschenkt.

Der Blindgeborene

Als Jesus weiterging, sah er einen Mann, der von Geburt blind war. Die Jünger fragten Jesus: »Wer ist schuld, daß er blind geboren wurde? Er selbst oder seine Eltern?«

Jesus antwortete: »Seine Blindheit hat weder mit den Sünden seiner Eltern etwas zu tun noch mit seinen eigenen. Er ist blind, damit Gottes Macht an ihm sichtbar wird. Solange es Tag ist, muß ich die Taten vollbringen, für die Gott mich gesandt hat. Es kommt eine Nacht, in der niemand mehr wirken kann. Solange ich in der Welt bin, bin ich das Licht der Welt.«

Als Jesus dies gesagt hatte, spuckte er auf den Boden und rührte einen Brei mit seinem Speichel an. Er strich den Brei auf die Augen des Mannes und befahl ihm: »Geh zum Teich Siloah und wasche dir das Gesicht.«
Siloah bedeutet: der von Gott Gesandte.
Der Mann ging dorthin und wusch sein Gesicht. Als er zurückkam, konnte er sehen…
Jesus sagte: »Ich bin in diese Welt gekommen, damit die Blinden sehend und die Sehenden blind werden. Darin vollzieht sich das Gericht.«

Einige Pharisäer, die bei ihm waren, hörten das und sagten: »Du willst doch nicht behaupten, daß wir blind sind?«

Jesus antwortete: »Euch würde keine Schuld angerechnet, wenn ihr blind wärt. Weil ihr aber sagt: ›Wir können sehen‹, bleibt ihr schuldig.«
Johannes 9

GLAUBE, DER BERGE BEWEGT

Jesus tat zahlreiche Wunder. Sie sollten Menschen zum Glauben führen – zum Glauben an ihn. Immer wieder konnte er nur über den Unglauben der Menschen staunen, über die hartnäckige Weigerung vieler, dem zu glauben, was sie mit eigenen Augen gesehen hatten. Er verlangte unbedingtes Vertrauen von denen, die geheilt werden wollten – oder von den Freunden, die sie brachten. Die Größe des Glaubens spielte dabei keine Rolle, sondern auf wen und was er sich richtete.
Ein Junge, mit einem bösen Geist behaftet, wurde zu Jesus gebracht. Seine Jünger konnten ihn nicht heilen…

Jesus sagte zu ihnen: »Ihr habt kein Vertrauen zu Gott! Wie lange soll ich noch bei euch aushalten und euch ertragen? Bringt den Jungen her!« Sie brachten ihn. Sobald der böse Geist Jesus erblickte, riß er das Kind zu Boden, so daß es sich mit Schaum vor dem Mund hin- und herwälzte. »Wie lange hat er das schon?« fragte Jesus.

»Von klein auf«, sagte der Vater. »Oft wäre er fast ums Leben gekommen, weil der böse Geist ihn ins Feuer oder ins Wasser warf. Hab Erbarmen mit uns und hilf uns, wenn du kannst!«

»Was heißt hier: ›Wenn du kannst‹?« sagte Jesus. »Wer Gott vertraut, dem ist alles möglich.«

Da brach es aus dem Vater hervor: »Ich vertraue ihm ja – und kann es doch nicht! Hilf mir vertrauen!«

Da immer mehr Leute zusammenliefen, bedrohte Jesus den bösen Geist:

Die Synagoge in Kapernaum wurde zur Zeit Jesu von einem römischen Hauptmann unterstützt. Noch diese Ruinen aus verschiedenen späteren Epochen zeigen Spuren jüdischer und römischer Stilelemente.

»Du stummer und tauber Geist, ich befehle dir: Verlaß dieses Kind und komm nie wieder zu ihm zurück!«

Später kamen die Jünger allein zu Jesus und fragten ihn: »Warum konnten wir den bösen Geist nicht austreiben?«

»Weil euer Vertrauen nicht groß genug war«, sagte Jesus. »Ich versichere euch: wenn euer Vertrauen auch nur so groß ist wie ein Senfkorn, dann könnt ihr zu diesem Berg sagen: ›Geh von hier nach dort‹, und er wird es tun. Dann ist euch nichts mehr unmöglich.«

Markus 9 und Matthäus 17

Der Glaube eines römischen Offiziers

Als Jesus nach Kapernaum kam, trat ein Hauptmann, ein Nichtjude, an ihn heran und bat ihn um Hilfe:

»Herr«, sagte er, »mein Diener liegt gelähmt bei mir zu Hause und hat furchbare Schmerzen!«

Jesus fragte ihn: »Soll ich etwa kommen und ihn gesund machen?« Der Hauptmann erwiderte: »Herr, ich weiß, daß ich dir, einem Juden, nicht zumuten kann, mein Haus zu betreten. Aber sag nur ein Wort, und mein Diener wird gesund. Auch ich unterstehe höherem Befehl und kann meinen Soldaten Befehle erteilen. Wenn ich zu einem sage: › Geh! ‹, dann geht er; wenn ich zu einem anderen sage: › Komm! ‹, dann kommt er; und wenn ich meinem Diener befehle: › Tu das! ‹, dann tut er's.«

Als Jesus das hörte, staunte er und sagte zu den Leuten, die ihm folgten: »Wahrhaftig, solch ein Vertrauen habe ich in Israel nirgends gefunden!«

Matthäus 8

Ein Hirt für die Schafe

Jesus zog durch alle Städte und Dörfer. Er lehrte in den Synagogen und verkündete die Gute Nachricht, daß Gott jetzt seine Herrschaft aufrichten und sein Werk vollenden werde. Er heilte alle Krankheiten und Leiden.

Als er die vielen Menschen sah, bekam er Mitleid mit ihnen, weil sie so hilflos und verängstigt waren wie Schafe, die keinen Hirten haben.

Matthäus 9

Noch heute hüten Hirten ihre Schafe und sorgen für sie.
Jesus ist wie ein guter Hirte, bereit,
seine Herde zu beschützen und sogar für sie zu sterben.

Der gute Hirt

Der Schafhirt geht durch die Tür hinein; der Wächter am Eingang öffnet ihm. Die Schafe hören auf seine Stimme, wenn er sie einzeln beim Namen ruft und ins Freie führt. Draußen geht er vor ihnen her, und die Schafe folgen ihm, weil sie seine Stimme kennen. Einem anderen Menschen würden sie nicht folgen. Im Gegenteil: sie würden vor ihm davonlaufen, weil sie seine Stimme nicht kennen…

Ich bin der gute Hirt. Ein guter Hirt ist bereit, für seine Schafe zu sterben. Jemand, dem die Schafe nicht selbst gehören, ist kein richtiger Hirt. Darum läßt er sie im Stich, wenn er den Wolf kommen sieht, und läuft davon. Dann stürzt sich der Wolf auf die Schafe und jagt sie auseinander. Wer die Schafe nur gegen Lohn hütet, läuft davon; denn die Schafe sind ihm gleichgültig.

Ich bin der gute Hirt. Ich kenne meine Schafe, und sie kennen mich, so wie der Vater mich kennt und ich ihn. Ich bin bereit, für sie zu sterben.

Johannes 10

Das verlorene Schaf

Stellt euch vor, einer von euch hat hundert Schafe, und eines davon verläuft sich. Läßt er dann nicht die neunundneunzig allein in der Steppe weiden und sucht das verlorene so lange, bis er es findet? Wenn er es gefunden hat, freut er sich, nimmt es auf die Schultern und trägt es nach Hause.

Dort ruft er seine Freunde und Nachbarn und sagt zu ihnen: »Freut euch mit mir, ich habe mein verlorenes Schaf wiedergefunden!«

Ich sage euch: genauso ist bei Gott im Himmel mehr Freude über einen Sünder, der ein neues Leben anfängt, als über neunundneunzig andere, die das nicht nötig haben.

Lukas 15

Das Geschenk des Lebens

Ich aber bin gekommen, damit meine Schafe das Leben haben, Leben im Überfluß.
Johannes 10

Wer sich auf den Sohn verläßt, wird ewig leben. Wer nicht auf den Sohn hört, wird niemals das Leben finden, sondern für immer dem Zorn Gottes ausgesetzt sein.
Johannes 3

Mein Vater will, daß alle, die den Sohn sehen und sich auf ihn verlassen, ewig leben. Ich werde sie am letzten Tag vom Tod erwecken.

Ich versichere euch: wer mir vertraut, wird ewig leben.
Johannes 6

Ihr forscht in den heiligen Schriften und seid überzeugt, in ihnen das ewige Leben zu finden – und gerade sie weisen auf mich hin. Aber ihr seid nicht bereit, zu mir zu kommen, um das Leben zu finden.
Johannes 5

»Der Geist Gottes macht lebendig; alles Menschliche ist dazu nicht fähig. Aber die Worte, die ich zu euch gesprochen habe, sind vom Geist erfüllt und bringen das Leben. Doch einige von euch vertrauen mir nicht.« Jesus kannte nämlich von Anfang an alle, die ihn nicht annehmen würden, und wußte auch, wer ihn verraten würde. Er fügte hinzu: »Aus diesem Grund habe ich zu euch gesagt: ›Nur der kann zu mir kommen, den Gott dazu fähig gemacht hat.‹«

Als seine Anhänger das hörten, wandten sich viele von ihm ab und wollten nicht länger mit ihm gehen. Da fragte Jesus seine zwölf Jünger: »Und ihr, was habt ihr vor? Wollt ihr mich auch verlassen?«

Simon Petrus antwortete ihm: »Herr, zu wem sonst sollten wir gehen? Deine Worte bringen das ewige Leben. Wir glauben und wissen, daß du der Gesandte Gottes bist.«
Johannes 6

»Ihr lest in den Schriften«, sagte Jesus, »und sie reden von mir!« Wirkliches Leben können wir nur in ihm finden. So wie er der Frau am Brunnen begegnete, so begegnet er uns dort, wo wir ihn brauchen, und gibt uns neues Leben.

Der Reiche

Ein einflußreicher Mann fragte Jesus: »Guter Lehrer, was muß ich tun, um das ewige Leben zu bekommen?«

»Warum nennst du mich gut?« erwiderte Jesus, »nur einer ist gut, Gott! Und seine Gebote kennst du doch: Zerstöre keine Ehe, morde nicht, beraube niemand, sag nichts Unwahres, ehre deinen Vater und deine Mutter!«

»Diese Gebote habe ich von Jugend an alle befolgt«, erwiderte der Mann.

Als Jesus das hörte, sagte er zu ihm: »Eines fehlt dir noch: Verkauf alles, was du hast, und verteil das Geld an die Armen, so wirst du bei Gott einen unverlierbaren Reichtum haben. Und dann geh mit mir!«

Als der Mann das hörte, wurde er ganz traurig, denn er war sehr reich.

Als Jesus das sah, sagte er: »Wie schwer haben es doch reiche Leute, in die neue Welt Gottes zu kommen! Eher kommt ein Kamel durch ein Nadelöhr als ein Reicher in Gottes neue Welt.«

Als die Leute das hörten, fragten sie Jesus: »Wer kann dann überhaupt gerettet werden?«

Er antwortete: »Was den Menschen unmöglich ist, das kann Gott möglich machen.«

Lukas 18

Die Frau am Brunnen

Sein Weg führte ihn durch Samarien. Dabei kam er in die Nähe des Dorfes Sychar, das nicht weit von dem Feld entfernt liegt, das Jakob einst seinem Sohn Joseph vererbt hatte. Dort befand sich der Jakobsbrunnen. Jesus war von dem langen Weg müde geworden und setzte sich an den Brunnen. Es war gegen Mittag.

Seine Jünger waren ins Dorf gegangen, um etwas zu essen zu kaufen. Da kam eine samaritanische Frau zum Wasserholen, und Jesus sagte zu ihr: »Gib mir einen Schluck Wasser!«

Die Frau antwortete: »Du bist Jude, und ich bin eine Samaritanerin. Wie kannst du mich da um etwas zu trinken bitten?« Die Juden vermeiden nämlich jede Berührung mit Samaritanern.

Jesus antwortete: »Wenn du wüßtest, was Gott schenken will und wer dich jetzt um Wasser bittet, dann hättest du ihn um Wasser gebeten, und er hätte dir lebendiges Wasser gegeben.«

»Du hast doch keinen Eimer«, sagte die Frau, »und der Brunnen ist tief. Woher willst du dann lebendiges Wasser haben? Unser Stammvater Jakob hat uns diesen Brunnen hinterlassen. Er selbst, seine Söhne und seine ganze Herde tranken aus ihm. Du willst doch nicht sagen, daß du mehr bist als Jakob?«

Jesus antwortete: »Wer dieses Wasser trinkt, wird wieder durstig. Wer aber von dem Wasser trinkt, das ich ihm gebe, wird niemals mehr Durst haben. Ich gebe ihm Wasser, das in ihm zu einer Quelle wird, die ewiges Leben schenkt.«

»Gib mir von diesem Wasser«, sagte die Frau.

Johannes 4

EIFERSUCHT

Eines Tages waren zahlreiche Zolleinnehmer und andere, die einen ebenso schlechten Ruf hatten, zu Jesus gekommen und wollten ihn hören. Die Pharisäer und Gesetzeslehrer waren darüber ärgerlich und sagten: »Er läßt das Gesindel zu sich! Er ißt sogar mit ihnen!« Da erzählte ihnen Jesus ein Gleichnis…

Gleichnis vom verlorenen Sohn

Ein Mann hatte zwei Söhne.
Der jüngere von ihnen sagte zu seinem Vater:
»Vater, gib mir das Erbteil, das mir zusteht.«
Da teilte der Vater das Vermögen auf.
Nach wenigen Tagen packte der jüngere Sohn
alles zusammen und zog in ein fernes Land.
Dort führte er ein zügelloses Leben
und verschleuderte sein Vermögen.
Als er alles durchgebracht hatte,
kam eine große Hungersnot über das Land,
und es ging ihm sehr schlecht.
Da ging er zu einem Bürger des Landes
und drängte sich ihm auf; der schickte ihn aufs
Feld zum Schweinehüten.
Er hätte gern seinen Hunger
mit den Futterschoten gestillt,
die die Schweine fraßen;
aber niemand gab ihm davon.
Da ging er in sich und sagte:
Wie viele Tagelöhner meines Vaters
haben mehr als genug zu essen,
und ich komme hier vor Hunger um.
Ich will aufbrechen und zu meinem Vater
gehen und zu ihm sagen:
»Vater, ich habe mich gegen den Himmel
und gegen dich versündigt.
Ich bin nicht mehr wert, dein Sohn zu sein;
mach mich zu einem deiner Tagelöhner.«
Dann brach er auf und ging zu seinem Vater.
Der Vater sah ihn schon von weitem
kommen, und er hatte Mitleid mit ihm.
Er lief dem Sohn entgegen,
fiel ihm um den Hals und küßte ihn.
Da sagte der Sohn:
»Vater, ich habe mich gegen den Himmel
und gegen dich versündigt;
ich bin nicht mehr wert, dein Sohn zu sein.«
Der Vater aber sagte zu seinen Knechten:
»Holt schnell das beste Gewand,
und zieht es ihm an,
steckt ihm einen Ring an die Hand,
und zieht ihm Schuhe an.
Bringt das Mastkalb her, und schlachtet es;
wir wollen essen und fröhlich sein.
Denn mein Sohn war tot und lebt wieder;
er war verloren und ist wiedergefunden
worden.«
Und sie begannen, ein fröhliches Fest zu feiern.
Sein älterer Sohn war unterdessen auf
dem Feld.
Als er heimging und in die Nähe
des Hauses kam,
hörte er Musik und Tanz.
Da rief er einen der Knechte und fragte,
was das bedeuten solle.
Der Knecht antwortete: »Dein Bruder ist
gekommen, und dein Vater hat das
Mastkalb schlachten lassen, weil er ihn
heil und gesund wiederbekommen hat.«
Da wurde er zornig und wollte nicht
hineingehen.
Sein Vater aber kam heraus
und redete ihm gut zu.
Doch er erwiderte dem Vater:
»So viele Jahre schon diene ich dir,
und nie habe ich gegen deinen Willen
gehandelt;
mir aber hast du nie auch nur einen
Ziegenbock geschenkt, damit ich mit
meinen Freunden ein Fest feiern konnte.
Kaum aber ist der hier gekommen,
dein Sohn, der dein Vermögen mit Dirnen
durchgebracht hat,
da hast du für ihn das Mastkalb geschlachtet.«
Der Vater antwortete ihm:
»Mein Kind, du bist immer bei mir,
und alles, was mein ist, ist auch dein.
Aber jetzt müssen wir uns doch freuen
und ein Fest feiern;
denn dein Bruder war tot
und lebt wieder; er war verloren
und ist wiedergefunden worden.«
Lukas 15

VATER UND SOHN

Die Pächter im Weinberg

Jesus wußte, daß er nur kurze Zeit zur Verfügung hatte, um zu lehren und zu heilen. Er hatte viele Feinde unter den religiösen Führern der Juden. Eines Tages erzählte er diese Geschichte:

Ein Mann legte einen Weinberg an, machte einen Zaun darum, baute eine Weinpresse und errichtete einen Wachtturm. Dann verpachtete er den Weinberg und verreiste. Zur gegebenen Zeit schickte er einen Boten zu den Pächtern, um seinen Anteil am Ertrag des Weinbergs abholen zu lassen. Die Pächter aber verprügelten den Boten und ließen ihn unverrichteter Dinge abziehen.

Der Mann schickte einen zweiten, dem schlugen sie den Kopf blutig und behandelten ihn auf die schimpflichste Weise. Zum drittenmal schickte er einen Boten. Den brachten sie sogar um, und so machten sie es noch mit vielen anderen. Wer auch immer geschickt wurde, der wurde mißhandelt oder umgebracht.

Schließlich blieb ihm nur noch sein eigener Sohn, dem seine ganze Liebe galt.

Den schickte er zu den Pächtern, weil er sich sagte: »Sie werden wenigstens vor meinem Sohn Respekt haben.«

Aber die Pächter sagten zueinander: »Das ist der Erbe! Wir bringen ihn um, dann gehört der Weinberg uns!«

So töteten sie ihn und warfen die Leiche aus dem Weinberg hinaus.

Was wird nun der Besitzer des Weinbergs tun? Er wird selbst hingehen, die Pächter töten und den Weinberg anderen anvertrauen. Ihr habt doch gelesen, was in den heiligen Schriften steht:

»Der Stein, den die Bauleute weggeworfen haben, weil sie ihn für unbrauchbar hielten, der ist zum tragenden Stein geworden.«

Markus 12

Jesus bemühte sich, seine besondere Beziehung als Sohn zu Gott, seinem Vater, deutlich zu machen – ein Thema, das bei vielen seiner jüdischen Zuhörer großen Zorn hervorrief. In ihren Augen machte sich Jesus der Gotteslästerung schuldig.

Die Heilung am Teich

Am Teich Bethesda in Jerusalem heilte Jesus einen Mann, der achtunddreißig Jahre lang krank gewesen war. Aber es war Sabbat, der Tag, an dem den Juden jede Arbeit verboten war. Und der Mann wurde aufgegriffen, wie er die Matte, auf der er gelegen hatte, trug.

Der Geheilte… berichtete den führenden Männern, daß es Jesus war, der ihn gesund gemacht hatte. Von da an begannen sie, Jesus zu verfolgen, weil er an einem Sabbat geheilt hatte. Jesus aber sagte zu ihnen: »Mein Vater ist ständig am Werk, und ich bin es auch.« Daraufhin waren sie noch fester entschlossen, ihn zu töten. Denn Jesus hatte nicht nur die Sabbatvorschriften übertreten, er behauptete sogar, daß Gott sein Vater sei, und stellte sich so mit Gott auf eine Stufe.

Die Quelle des Lebens

Ich versichere euch: Alle, die auf mein Wort hören und dem vertrauen, der mich gesandt hat, werden ewig leben. Sie werden nicht verurteilt. Sie haben den Tod schon hinter sich gelassen und das unvergängliche Leben erreicht. Ich sage euch: die Zeit ist nicht mehr fern – sie hat sogar schon begonnen –, daß die Toten die Stimme des Gottessohnes hören werden, und wer sie hört, wird leben. Der Vater ist der Ursprung allen Lebens, und er hat dem Sohn die Macht gegeben, genauso wie er selbst Leben zu schenken.
Johannes 5

»Der Wille dessen, der mich gesandt hat«

Alle, die mein Vater mir gibt, werden zu mir kommen, und ich werde keinen abweisen, der zu mir kommt. Ich bin vom Himmel gekommen, nicht um zu tun, was ich will, sondern um zu tun, was der will, der mich gesandt hat.
Johannes 6

»Ich bin der, an dem sich alles entscheidet«

Wüßtet ihr, wer ich bin, so wüßtet ihr auch, wer mein Vater ist… Ich bin der, an dem sich alles entscheidet. Wenn ihr das nicht glauben wollt, werdet ihr an eurer Schuld zugrunde gehen… Bevor Abraham geboren wurde, war ich schon da.
Johannes 8

Der Vater und ich sind untrennbar eins.
Johannes 10

Ich bin der Weg, der zur Wahrheit und zum Leben führt. Einen anderen Weg zum Vater gibt es nicht.
Johannes 14

Mein Vater hat alles in meine Macht gestellt. Nur der Vater kennt den Sohn, und nur der Sohn kennt den Vater – und jeder, dem der Sohn ihn zeigen will.
Matthäus 11

Das Volks Israel sei mit den Pächtern eines Weinbergs zu vergleichen, sagte Jesus.

„LAZARUS, KOMM HERAUS!"

Lazarus, ein Freund Jesu, wohnte in Bethanien, einem Dorf in der Nähe von Jerusalem. Seine zwei Schwestern, Maria und Martha, wohnten bei ihm. Jesus liebte sie alle. Die Schwestern lernen wir in dem Bericht von einem früheren Besuch Jesu näher kennen. Während Martha losstürzte, um besondere Vorbereitungen zu treffen, setzte sich Maria hin und hörte Jesus zu. Als Martha sich darüber ärgerte, sagte Jesus: »Martha, Martha, du sorgst und mühst dich um so viele Dinge, aber nur eins ist notwendig. Maria hat das Bessere gewählt, und das soll ihr nicht weggenommen werden.«

Als Jesus von der schweren Krankheit des Lazarus hörte, tat er zwei Tage lang nichts. Er hatte so viel Feindschaft hervorgerufen, daß es jetzt gefährlich für ihn war, in die Nähe von Jerusalem zu gehen. Aber dies war nicht der eigentliche Grund für den Aufschub…

Jesus liebte Martha und ihre Schwester und Lazarus. Aber als er die Nachricht erhielt, daß Lazarus krank sei, blieb er noch zwei Tage an demselben Ort. Dann sagte er zu seinen Jüngern: »Wir gehen nach Judäa zurück!«

Sie antworteten: »Es ist noch nicht lange her, da hätten dich die Leute dort beinahe gesteinigt. Und nun willst du zu ihnen zurückkehren?«

Jesus sagte: »…Unser Freund Lazarus ist eingeschlafen. Aber ich werde hingehen und ihn aufwecken.«

Seine Jünger antworteten: »Wenn er schläft, wird er wieder gesund.« Jesus hatte sagen wollen, daß Lazarus gestorben sei; sie aber meinten, er spreche vom gewöhnlichen Schlaf. Darum sagte Jesus ihnen offen: »Lazarus ist tot. Doch euretwegen bin ich froh, daß ich nicht bei ihm war. Auf diese Weise werdet ihr lernen, mir zu vertrauen. Und jetzt wollen wir zu ihm gehen.«

Thomas, der auch Zwilling genannt wird, sagte zu den anderen Jüngern: »Laßt uns mitgehen und mit ihm sterben!«

Als Jesus nach Bethanien kam, lag Lazarus schon vier Tage im Grab…

Als Martha hörte, daß Jesus sich dem Dorf näherte, ging sie ihm entgegen. Maria blieb im Haus.

Martha sagte zu Jesus: »Wenn du bei uns gewesen wärst, hätte mein Bruder nicht sterben müssen. Aber ich weiß, daß Gott dir auch jetzt keine Bitte abschlägt.«

»Dein Bruder wird auferstehen«, sagte Jesus zu ihr.

»Ich weiß«, erwiderte sie, »am letzten Tag, wenn alle auferstehen, wird auch er ins Leben zurückkehren.«

Jesus sagte zu ihr: »Ich bin die Auferstehung und das Leben. Wer mich annimmt, wird leben, auch wenn er stirbt, und wer lebt und sich auf mich verläßt, wird niemals sterben. Glaubst du das?«

Sie antwortete: »Ja, ich glaube, daß du der versprochene Retter bist. Du bist der Sohn Gottes, der in die Welt kommen sollte.«

Nach diesen Worten ging Martha zu ihrer Schwester zurück, nahm sie beiseite und sagte zu ihr:

»Jesus ist hier und fragt nach dir!«

Als Maria das hörte, stand sie schnell auf und lief zu ihm hinaus. Jesus hatte das Dorf selbst noch nicht erreicht. Er war immer noch an der Stelle, wo Martha ihn getroffen hatte. Die Leute, die bei Maria im Haus waren, um sie zu trösten, sahen, wie sie aufsprang und hinauseilte. Sie meinten, daß Maria zum Grab gehen wollte, und folgten ihr.

Als Maria zu Jesus kam und ihn sah, warf sie sich vor ihm nieder.

»Wenn du bei uns gewesen wärst, hätte mein Bruder nicht sterben müssen«, sagte sie zu ihm.

Jesus sah sie weinen; auch die Leute, die mit

ihr gekommen waren, weinten. Er wurde zornig und war sehr erregt.

»Wo liegt er?« fragte er.

»Komm, wir zeigen es dir!« sagten sie.

Jesus kamen die Tränen.

Da sagten sie: »Er muß ihn sehr geliebt haben!« Aber einige meinten: »Den Blinden hat er sehend gemacht. Warum hat er nicht verhindert, daß Lazarus gestorben ist?«

Aufs neue wurde Jesus zornig. Er ging zum Grab. Es bestand aus einer Höhle, und der Eingang war mit einem Stein verschlossen.

»Nehmt den Stein weg!« befahl er.

Maria, die Schwester des Toten, wandte ein: »Herr, es riecht doch schon! Er liegt seit vier Tagen im Grab.«

Jesus sagte zu ihr: »Ich habe dir doch gesagt, daß du die Herrlichkeit Gottes sehen wirst, wenn du nur Vertrauen hast.«

Sie nahmen den Stein weg.

Jesus blickte zum Himmel auf und sagte: »Ich danke dir, Vater, daß du meine Bitte erfüllst. Ich weiß, daß du mich immer erhörst. Aber wegen der Leute hier spreche ich es aus – damit sie glauben, daß du mich gesandt hast.«

Nach diesen Worten rief er laut: »Lazarus, komm heraus!«

Der Tote kam heraus; seine Hände und Füße waren mit Binden umwickelt, und sein Gesicht war mit einem Tuch verhüllt.

Jesus sagte: »Nehmt ihm das ab, damit er weggehen kann!«

Johannes 11

Immer noch treffen sich in Bethanien die Familien am Abend, wenn es kühl ist.

DER KÖNIG ZIEHT EIN

Jesus ging zum letzten Mal nach Jerusalem. Er wußte, was vor ihm lag. Und er bereitete seine Jünger auf das vor, was sie zu erwarten hätten.

»Wir gehen jetzt nach Jerusalem. Dort wird man den Menschensohn den führenden Priestern und Gesetzeslehrern ausliefern.
Sie werden ihn zum Tod verurteilen und den Fremden übergeben, die Gott nicht kennen. Die werden ihren Spott mit ihm treiben, ihn anspucken, auspeitschen und töten; und nach drei Tagen wird er vom Tod auferstehen.«

Triumph

Kurz vor Jerusalem kamen sie in die Nähe der Ortschaften Bethfage und Bethanien am Ölberg. Da schickte Jesus zwei seiner Jünger voraus und trug ihnen auf:

»Geht in das Dorf da vorn! Dort werdet ihr gleich am Ortseingang einen jungen Esel angebunden finden, auf dem noch niemand geritten ist. Bindet ihn los und bringt ihn her. Und wenn jemand fragt: ›Was tut ihr da?‹, dann antwortet: ›Der Herr braucht ihn und wird ihn bald wieder zurückschicken.‹«

Die beiden gingen hin und fanden tatsächlich den jungen Esel draußen auf der Straße an einem Hoftor angebunden. Als sie ihn losmachten, sagten ein paar Leute, die dort herumstanden: »Wie kommt ihr dazu, den Esel loszubinden?«

Da sagten sie, was Jesus ihnen aufgetragen hatte, und man ließ sie gewähren.

Sie brachten den Esel zu Jesus, legten ihre Kleider über das Tier, und Jesus setzte sich darauf. Viele Leute breiteten ihre Kleider als Teppich auf die Straße. Andere rissen Zweige von den Büschen auf den Feldern und legten sie auf den Weg. Die Menschen, die Jesus vorausliefen und die ihm folgten, begannen laut zu rufen:

»Gepriesen sei Gott! Heil dem, der in seinem Auftrag kommt! Heil der Herrschaft unseres Vaters David, die jetzt anbricht! Gepriesen sei Gott in der Höhe!«

Markus 11

Geldwechsler im Tempel

In Jerusalem ging Jesus wieder in den Tempel und fing sofort an, die Händler und Käufer hinauszujagen. Er stieß die Tische der Geldwechsler und die Stände der Taubenverkäufer um und ließ nicht zu, daß jemand irgend etwas durch den Vorhof des Tempels trug.

Dazu sagte er ihnen: »Steht nicht in den heiligen Schriften, daß Gott erklärt hat: ›Mein Tempel soll eine Stätte sein, an der alle Völker zu mir beten können‹? – Ihr aber habt eine Räuberhöhle daraus gemacht!«

Als das die führenden Priester und Gesetzeslehrer hörten, suchten sie nach einer Möglichkeit, Jesus umzubringen. Sie fürchteten seinen Einfluß, denn die Volksmenge stand ganz im Bann seiner Worte.

Am Abend verließen Jesus und seine Jünger wieder die Stadt.

Markus 11

Jesus weint um die Stadt

Jerusalem, Jerusalem, du tötest die Propheten und steinigst die Boten, die Gott zu dir schickt! Wie oft wollte ich deine Bewohner um mich scharen, wie eine Henne ihre Küken unter die Flügel nimmt! Aber ihr habt nicht gewollt. Deshalb wird Gott euren Tempel verlassen…

Als Jesus näherkam und die Stadt vor sich liegen sah, weinte er und sagte: »Wenn du doch heute erkennen wolltest, was dir Frieden bringt! Aber du bist blind dafür. Es kommt eine Zeit, da werden deine Feinde einen Wall rings um dich aufwerfen, dich belagern und von allen Seiten einschließen. Sie werden dich und deine Einwohner völlig vernichten und keinen Stein auf dem anderen lassen. Denn du hast den Tag nicht erkannt, an dem Gott dir zu Hilfe kommen wollte.«

Lukas 13 und 19

Jesus ritt im Triumph – und in Niedrigkeit – in Jerusalem ein. Er weinte über der Stadt, »weil du die Stunde nicht erkannt hast, in der Gott kam, um dich zu retten!«

Das Ende der Zeit

Jesus hatte seinen Jüngern gesagt: Der große Tempel in Jerusalem wird vollständig zerstört werden, nicht ein Stein wird auf dem anderen bleiben. Wann dies passieren würde, wollten sie wissen, und welche Anzeichen es geben würde, wenn das Ende der Zeit sich nähere – jene Zeit der Rückkehr Jesu zur Erde als Herrscher und Richter.

»Seid auf der Hut«

Jesus antwortete: »Seid auf der Hut und laßt euch von niemand täuschen. Viele werden mit meinem Anspruch auftreten und behaupten: › Ich bin Christus! ‹ Damit werden sie viele irreführen. Erschreckt nicht, wenn nah und fern Kriege ausbrechen. Es muß so kommen, aber das ist noch nicht das Ende.

Ein Volk wird gegen das andere kämpfen, ein Staat den anderen angreifen. Es wird überall Hungersnöte und Erdbeben geben. Das alles ist erst der Anfang vom Ende – so wie der Beginn der Geburtswehen.

Dann wird man euch ausliefern, euch quälen und töten. Die ganze Welt wird euch hassen, weil ihr euch zu mir bekennt. Wenn es soweit ist, werden viele vom Glauben abfallen und sich gegenseitig verraten und einander hassen. Zahlreiche falsche Propheten werden auftreten und viele von euch irreführen. Und weil das Böse überhand nimmt, wird die Liebe bei den meisten von euch erkalten. Wer aber bis zum Ende standhaft bleibt, wird gerettet. Zuvor wird die Gute Nachricht in der ganzen Welt verkündet werden, damit alle Menschen die Einladung in Gottes neue Welt hören. Dann erst kommt das Ende…

Himmel und Erde werden vergehen, aber meine Worte nicht.

Aber den Tag oder die Stunde, wann das geschehen soll, kennt niemand, auch nicht die Engel im Himmel – nicht einmal der Sohn. Nur der Vater kennt sie…

Das letzte Gericht

Wenn der Menschensohn in seiner Herrlichkeit kommt, begleitet von allen Engeln, dann wird er sich auf den königlichen Thron setzen. Alle Völker der Erde werden vor ihm versammelt werden, und er wird die Menschen in zwei Gruppen teilen, so wie ein Hirt die Schafe von den Ziegen trennt. Die Schafe wird er auf die rechte Seite stellen und die Ziegen auf die linke.

Dann wird der König zu denen auf der rechten Seite sagen: »Kommt her! Euch hat mein Vater gesegnet. Nehmt Gottes neue Welt in Besitz, die er euch von Anfang an zugedacht hat. Denn ich war hungrig, und ihr habt mir zu essen gegeben; ich war durstig, und ihr habt mir zu trinken gegeben; ich war fremd, und ihr habt mich bei euch aufgenommen; ich war nackt, und ihr habt mir Kleidung gegeben; ich war krank, und ihr habt für mich gesorgt; ich war im Gefängnis, und ihr habt mich besucht.«

Dann werden die, die Gottes Willen getan haben, fragen: »Herr, wann sahen wir dich jemals hungrig und gaben dir zu essen? Oder durstig und gaben dir zu trinken?«…

Dann wird der König antworteten: »Ich will es euch sagen: Was ihr für einen meiner geringsten Brüder getan habt, das habt ihr für mich getan.«

Dann wird er zu denen auf der linken Seite sagen: »Geht mir aus den Augen, Gott hat euch verflucht! Fort mit euch in das ewige Feuer, das für den Satan und seine Helfer vorbereitet ist! Denn ich war hungrig, aber ihr habt mir nichts zu essen gegeben; ich war durstig, aber ihr habt mir nichts zu trinken gegeben; ich war fremd, aber ihr habt mich nicht aufgenommen; ich war nackt, aber ihr habt mir keine Kleider gegeben; ich war krank und im Gefängnis, aber ihr habt euch nicht um mich gekümmert.«

Matthäus 25

Darum seid wachsam! Denn ihr wißt nicht, an welchem Tag euer Herr kommen wird… seid jederzeit bereit, denn der Menschensohn wird kommen, wenn ihr es nicht erwartet.«

Matthäus 24

Sturmwolken ballen sich über dem See Genezareth zusammen.

Die Schlinge zieht sich zusammen

Jesus sagte zu seinen Jüngern: »Wie ihr wißt, ist übermorgen das Passafest. Da wird der Menschensohn ausgeliefert und ans Kreuz genagelt werden.«

Darauf kamen die führenden Priester und die Ratsältesten im Palast des Obersten Priesters Kajaphas zusammen. Sie faßten den Beschluß, Jesus heimlich zu verhaften und umzubringen. »Aber auf keinen Fall darf es während des Festes geschehen», sagten sie, »sonst gibt es einen Aufruhr im Volk.«

Danach ging Judas Iskariot, einer der zwölf Jünger, zu den führenden Priestern und sagte: »Was gebt ihr mir, wenn ich ihn euch in die Hände spiele?«

Sie zahlten ihm dreißig Silberstücke. Von da an suchte Judas eine günstige Gelegenheit, Jesus zu verraten.

Matthäus 26

Der alte Tempelbezirk in der Altstadt von Jerusalem erhebt sich über dem Kidrontal.

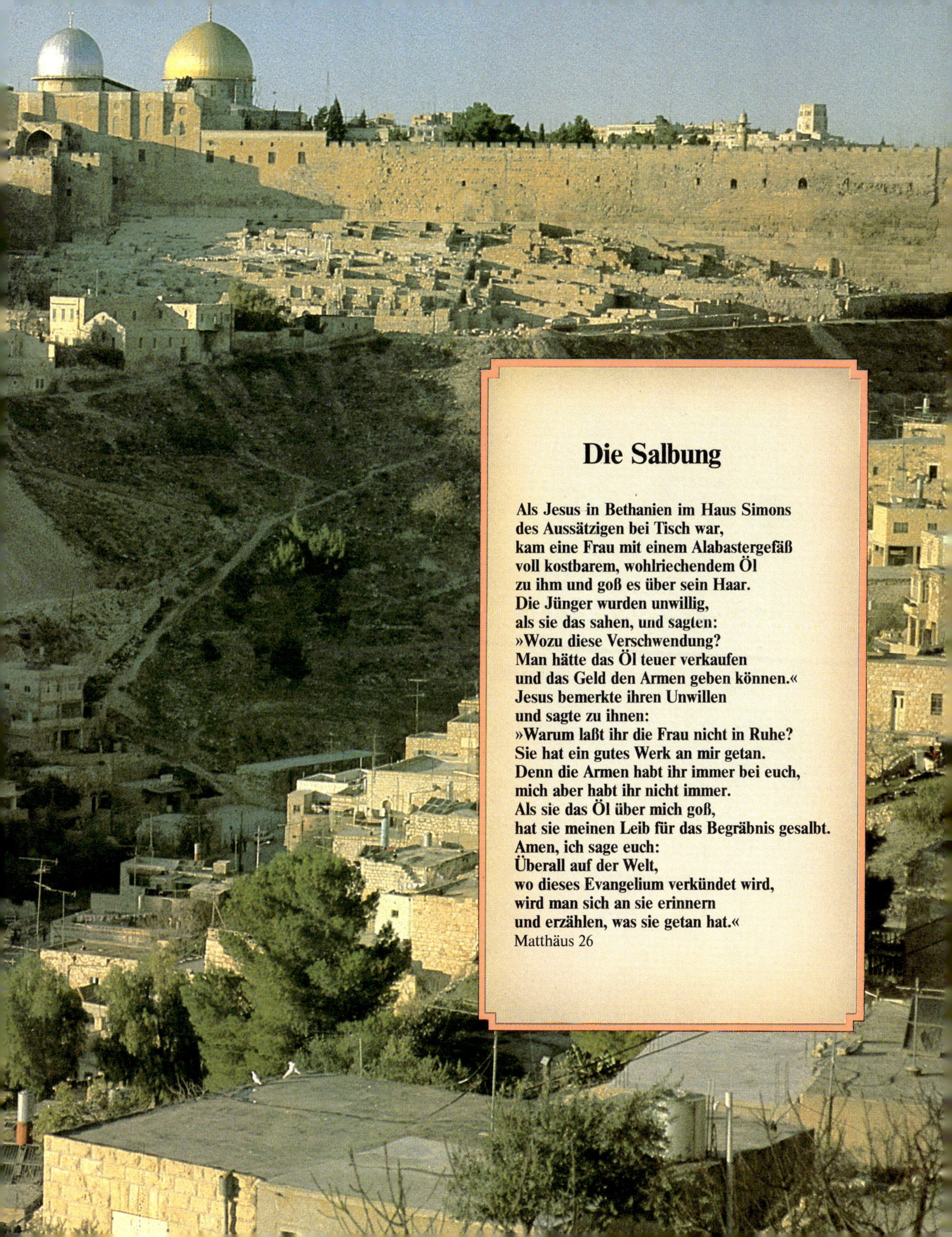

Die Salbung

**Als Jesus in Bethanien im Haus Simons
des Aussätzigen bei Tisch war,
kam eine Frau mit einem Alabastergefäß
voll kostbarem, wohlriechendem Öl
zu ihm und goß es über sein Haar.
Die Jünger wurden unwillig,
als sie das sahen, und sagten:
»Wozu diese Verschwendung?
Man hätte das Öl teuer verkaufen
und das Geld den Armen geben können.«
Jesus bemerkte ihren Unwillen
und sagte zu ihnen:
»Warum laßt ihr die Frau nicht in Ruhe?
Sie hat ein gutes Werk an mir getan.
Denn die Armen habt ihr immer bei euch,
mich aber habt ihr nicht immer.
Als sie das Öl über mich goß,
hat sie meinen Leib für das Begräbnis gesalbt.
Amen, ich sage euch:
Überall auf der Welt,
wo dieses Evangelium verkündet wird,
wird man sich an sie erinnern
und erzählen, was sie getan hat.«**
Matthäus 26

Das letzte Mahl

Am ersten Tag der Festwoche, während der man nur ungesäuertes Brot ißt, kamen die Jünger zu Jesus und fragten: »Wo sollen wir für dich das Passamahl vorbereiten?«

Er antwortete: »Geht zu einem Mann in der Stadt – er nannte ihnen den Namen – und richtet ihm aus: › Unser Lehrer sagt: Meine Stunde ist nicht mehr weit. Ich will in deinem Haus mit meinen Jüngern das Passamahl feiern.‹ «

Die Jünger taten, was Jesus ihnen aufgetragen hatte, und bereiteten alles vor.

Als es Abend geworden war, setzte sich Jesus mit den zwölf Jüngern zu Tisch. Währen der Mahlzeit sagte er: »Ich weiß genau, daß einer von euch mich verraten wird.«

Die Jünger waren sehr bestürzt, und einer nach dem anderen fragte ihn: »Du meinst doch nicht mich, Herr?«

Jesus antwortete: »Der wird mich verraten, der eben mit mir das Brot in die Schüssel getaucht hat. Der Menschensohn wird zwar sterben, wie es in den heiligen Schriften vorausgesagt ist. Aber wehe dem Menschen, der den Menschensohn verrät! Er wäre besser nie geboren worden!«

Da fragte der Verräter Judas: »Du meinst doch nicht etwa mich?«

»Doch«, antwortete Jesus, »dich!«

Matthäus 26

»Das ist mein Leib«

Während des Mahls nahm Jesus das Brot
und sprach den Lobpreis;
dann brach er das Brot,
reichte es den Jüngern und sagte:
»Nehmt und eßt; das ist mein Leib.«
Dann nahm er den Kelch, sprach das Dankgebet
und reichte ihn den Jüngern mit den Worten:
»Trinkt alle daraus, das ist mein Blut des Bundes,
das für viele vergossen wird
zur Vergebung der Sünden.«
Matthäus 26

In der ersten Nacht des jüdischen Passafestes kommen überall in der dichtbewohnten Stadt die Familien zusammen, um der Befreiungstat Gottes an seinem Volk zu gedenken.

Der Diener aller

**Da er die Seinen, die in der Welt waren,
liebte, erwies er ihnen seine Liebe
bis zur Vollendung.
Es fand ein Mahl statt,
und der Teufel hatte Judas, dem Sohn
des Simon Iskariot, schon ins Herz gegeben,
ihn zu verraten und auszuliefern.
Jesus, der wußte, daß ihm der Vater alles
in die Hand gegeben hatte
und daß er von Gott gekommen war
und zu Gott zurückkehrte,
stand vom Mahl auf, legte sein Gewand ab
und umgürtete sich mit einem Leinentuch.
Dann goß er Wasser in eine Schüssel
und begann, den Jüngern die Füße zu waschen
und mit dem Leinentuch abzutrocknen,
mit dem er umgürtet war...
Als er ihnen die Füße gewaschen,
sein Gewand wieder angelegt und Platz
genommen hatte, sagte er zu ihnen:
»Begreift ihr, was ich an euch getan habe?
Ihr sagt zu mir Meister und Herr,
und ihr nennt mich mit Recht so;
denn ich bin es.
Wenn nun ich, der Herr und Meister
euch die Füße gewaschen habe, dann
müßt auch ihr einander die Füße waschen.
Ich habe euch ein Beispiel gegeben,
damit auch ihr so handelt,
wie ich an euch gehandelt habe.
Amen, amen, ich sage euch:
Der Sklave ist nicht größer als sein Herr,
und der Abgesandte ist nicht größer als der,
der ihn gesandt hat.
Selig seid ihr, wenn ihr das wißt
und danach handelt.«**
Johannes 13

Trost für die Anhänger Jesu

Judas war schon dabei, die Verhaftung Jesu in die Wege zu leiten. Die Jünger waren sehr erregt, weil von Verrat die Rede war und weil Jesus angekündigt hatte, Petrus würde noch vor dem Hahnenschrei leugnen, Jesus je gekannt zu haben.

Ein vorbereitetes Zuhause

Dann sagte Jesus zu allen: »Erschreckt nicht, habt keine Angst! Vertraut Gott, und vertraut auch mir! Im Haus meines Vaters gibt es viele Wohnungen, und ich gehe jetzt, um dort einen Platz für euch bereitzumachen. Wenn es nicht so wäre, hätte ich euch nicht mit der Ankündigung beunruhigt, daß ich weggehe. Ich gehe also, um einen Platz für euch bereitzumachen. Dann werde ich zurückkommen und euch zu mir nehmen, damit auch ihr seid, wo ich bin...

Der Stellvertreter

Ich versichere euch: Jeder, der mir vertraut, wird auch die Taten vollbringen, die ich tue. Ja, seine Taten werden meine noch übertreffen, denn ich gehe zum Vater. Dann werde ich alles tun, worum ihr bittet, wenn ihr euch dabei auf mich beruft. So wird durch den Sohn die Herrlichkeit des Vaters sichtbar werden. Wenn ihr euch auf mich beruft, werde ich euch jede Bitte erfüllen.

Wenn ihr mich liebt, werdet ihr meine Weisungen befolgen. Ich werde den Vater bitten, daß er euch einen Stellvertreter für mich gibt, den Geist der Wahrheit, der für immer bei euch bleibt. Die Welt kann ihn nicht bekommen, denn sie sieht ihn nicht und kennt ihn nicht. Aber ihr kennt ihn, und er wird bei euch bleiben und in euch leben.

Ich lasse euch nicht wie Waisenkinder allein, sondern werde zu euch zurückkommen...

Ich habe euch dies gesagt, solange ich noch bei euch bin. Der Vater wird euch in meinem Namen einen Stellvertreter für mich senden, den heiligen Geist. Dieser wird euch an alles erinnern, was ich euch gesagt habe, und euch helfen, es zu verstehen.

Der Friede Jesu

Zum Abschied gebe ich euch den Frieden, meinen Frieden, nicht den Frieden, den die Welt gibt. Erschreckt nicht, habt keine Angst! Ihr habt gehört, wie ich zu euch sagte: ›Ich verlasse euch und werde wieder zu euch kommen.‹ Wenn ihr mich wirklich liebtet, würdet ihr euch freuen, daß ich zum Vater gehe; denn er ist mächtiger als ich. Ich habe euch das alles im voraus gesagt. Wenn es dann eintrifft, werdet ihr euch daran erinnern und mir vertrauen. Ich werde nicht mehr viel mit euch reden, weil der Herrscher dieser Welt schon auf dem Weg ist. Er hat keine Macht über mich, aber die Welt soll erkennen, daß ich den Vater liebe. Darum handle ich so, wie es mir mein Vater aufgetragen hat.

Johannes 14

Am Abend vor seinem Tod in Jerusalem tröstete Jesus seine engsten Freunde.

DER WEINSTOCK

**Ich bin der wahre Weinstock,
und mein Vater ist der Winzer.
Jede Rebe an mir, die keine Frucht
bringt, schneidet er ab, und jede Rebe,
die Frucht bringt, reinigt er,
damit sie mehr Frucht bringt.
Ihr seid schon rein durch das Wort,
das ich zu euch gesagt habe.
Bleibt in mir, dann bleibe ich in euch.
Wie die Rebe aus sich keine Frucht
bringen kann, sondern nur, wenn sie am
Weinstock bleibt, so könnt auch ihr keine
Frucht bringen, wenn ihr nicht in mir bleibt.
Ich bin der Weinstock, ihr seid die Reben.
Wer in mir bleibt und in wem ich bleibe,
der bringt reiche Frucht; denn getrennt
von mir könnt ihr nichts vollbringen.
Wer nicht in mir bleibt, wird wie die Rebe
weggeworfen, und er verdorrt.
Man sammelt die Reben, wirft sie ins Feuer,
und sie verbrennen.
Wenn ihr in mir bleibt und wenn meine
Worte in euch bleiben, dann bittet um alles,
was ihr wollt: Ihr werdet es erhalten.
Mein Vater wird dadurch verherrlicht,
daß ihr reiche Frucht bringt
und meine Jünger werdet.**
Johannes 15

Die Nachfolger Jesu sollen wie die Reben eines Weinstocks sein: Jede Rebe wächst aus dem Stock heraus, erhält seine Lebenskraft von ihm und trägt dadurch Frucht.

JESUS BETET FÜR SEINE ANHÄNGER

Vater, meine Stunde ist gekommen! Enthülle die Herrlichkeit deines Sohnes, damit der Sohn deine Herrlichkeit enthüllen kann. Du hast ihm ja die Macht über alle Menschen gegeben, damit er denen, die du ihm anvertraut hast, ewiges Leben schenkt. Und das ewige Leben besteht darin, dich zu erkennen, den einzig wahren Gott, und den, den du gesandt hast, Jesus Christus. Ich habe deine Herrlichkeit auf der Erde sichtbar gemacht; denn ich habe die Aufgabe erfüllt, die du mir übertragen hast. Vater, gib mir nun wieder die Herrlichkeit, die ich schon bei dir hatte, bevor die Welt geschaffen wurde!

Ich habe dich den Menschen bekanntgemacht, die du mir in der Welt anvertraut hast. Sie gehörten dir, und du hast sie mir gegeben. Sie haben dein Wort ernst genommen und wissen jetzt, daß alles, was du mir gegeben hast, wirklich von dir stammt. Ich habe ihnen die Worte mitgeteilt, die ich von dir erhalten hatte, und sie haben sie aufgenommen. Sie haben klar erkannt, daß ich wirklich von dir gekommen bin, und zweifeln nicht daran, daß du mich gesandt hast.

Für sie bete ich. Ich bete nicht für die Welt, sondern für die Menschen, die du mir gegeben hast; denn sie gehören dir. Alles, was ich habe, gehört dir, so wie mir alles gehört, was du hast. Durch sie wird meine Herrlichkeit sichtbar. Ich bin jetzt auf dem Weg zu dir. Ich bleibe nicht länger in der Welt, aber sie bleiben in der Welt. Heiliger Vater, beschütze sie durch deine göttliche Macht, damit sie eins werden, so wie du und ich eins sind... Ich bitte dich nicht, sie aus der Welt

wegzunehmen; aber ich möchte, daß du sie vor dem Bösen in Schutz nimmst…

Ich bete nicht nur für sie, sondern für alle, die durch ihr Wort von mir hören und mir vertrauen werden. Ich bete darum, daß sie alle eins seien. So wie du in mir bist und ich in dir, Vater, so sollen auch sie in uns eins sein! Dann wird die Welt glauben, daß du mich gesandt hast.

Johannes 17

So wie diese Familie den Tempelbezirk in Jerusalem verläßt, sollen Jesu Nachfolger in die Welt hinausgehen.

VERRAT

Sie kamen an eine einsame Stelle, die Getsemani hieß. Dort sagte Jesus zu seinen Jüngern: »Bleibt hier sitzen, während ich beten gehe.« Petrus, Jakobus und Johannes nahm er mit. Furcht und Zittern befielen ihn, und er sagte: »Auf mir liegt eine Last, die mich fast erdrückt. Bleibt hier und wacht!«

Dann ging er noch ein paar Schritte weiter, warf sich auf die Erde und bat Gott, wenn es möglich wäre, ihm diese Leidensstunde zu ersparen. »Abba – lieber Vater«, sagte er, »du kannst alles! Laß diesen Leidenskelch an mir vorübergehen! Aber es soll geschehen, was du willst, nicht was ich will.«

Dann kehrte er zurück und sah, daß die drei eingeschlafen waren. Da sagte er zu Petrus: »Simon, schläfst du? Kannst du nicht einmal eine einzige Stunde wach bleiben?« Dann sagte er zu ihnen: »Bleibt wach und betet, damit ihr in der kommenden Prüfung nicht versagt. Den guten Willen habt ihr, aber ihr seid nur schwache Menschen.«

Noch einmal ging Jesus weg und betete mit den gleichen Worten. Als er zurückkam, schliefen sie wieder. Sie konnten die Augen nicht offenhalten und wußten nicht, was sie ihm antworten sollten.

Als Jesus das dritte Mal zurückkam, sagte er zu ihnen: »Schlaft ihr denn immer noch und ruht euch aus? Genug jetzt, es ist soweit; gleich wird der Menschensohn den Feinden Gottes ausgeliefert. Steht auf, wir wollen gehen. Da ist er schon, der mich verrät!«

Noch während er das sagte, kam Judas, einer der zwölf Jünger, mit einem Trupp von Männern, die mit Schwertern und Knüppeln bewaffnet waren. Sie waren von den führenden Priestern, den Gesetzeslehrern und Ratsältesten geschickt worden. Der Verräter hatte mit ihnen ein Erkennungszeichen ausgemacht:

»Wem ich einen Begrüßungskuß gebe, der ist es. Den nehmt fest und führt ihn unter Bewachung ab!«

Judas ging sogleich auf Jesus zu, grüßte ihn und gab ihm einen Kuß. Da packten sie Jesus und nahmen ihn fest...

Da verließen ihn alle seine Jünger und flohen...

Dann brachten sie Jesus zum Haus des Obersten Priesters. Dort versammelten sich alle führenden Priester, Ratsältesten und Gesetzeslehrer.

Petrus folgte Jesus in weitem Abstand und kam bis in den Innenhof des Hauses. Er setzte sich zu den Wächtern und wärmte sich am Feuer...

Petrus war noch immer unten im Hof. Eine Dienerin des Obersten Priesters kam vorbei. Als sie Petrus am Feuer bemerkte, sah sie ihn scharf an und meinte: »Du warst doch auch mit dem Jesus aus Nazareth zusammen!«

Petrus stritt es ab:

»Ich habe keine Ahnung; ich weiß überhaupt nicht, wovon du redest!« Dann ging er hinaus in die Vorhalle. In diesem Augenblick krähte ein Hahn.

Das Mädchen entdeckte Petrus dort wieder und sagte zu den Umstehenden: »Der gehört auch zu ihnen!«

Aber er stritt es wieder ab.

Kurz darauf fingen die Umstehenden noch einmal an: »Natürlich gehörst du zu ihnen, du bist doch aus Galiläa!«

Aber Petrus schwor: »Gott soll mich strafen, wenn ich lüge! Ich kenne den Mann nicht, von dem ihr redet.«

Da krähte der Hahn zum zweitenmal, und Petrus erinnerte sich daran, daß Jesus zu ihm gesagt hatte: »Bevor der Hahn zweimal kräht, wirst du dreimal behaupten, daß du mich nicht kennst.«

Da fing er an zu weinen.

Markus 14

Im Kidrontal erinnern uns die knorrigen alten Olivenbäume an die Angst, die Jesus im Angesicht des Todes für die Sünden der Welt ausstand.

VOR GERICHT

Jesu Ankläger verlangten seine Hinrichtung. Aber zur Zeit der römischen Besatzung war es den Juden nicht erlaubt, ein Todesurteil zu vollstrecken. Deshalb wurde Jesus zuerst vor dem jüdischen Gerichtshof verhört, danach vor den römischen Gouverneur gebracht...

Jesus vor dem jüdischen Rat

Die führenden Priester und der ganze Rat versuchten nun, Jesus durch falsche Zeugenaussagen zu belasten, damit sie ihn zum Tod verurteilen könnten. Aber das gelang nicht, obwohl eine ganze Reihe von Zeugen auftrat. Schließlich kamen zwei und sagten: »Dieser Mann hat behauptet: › Ich kann den Tempel Gottes niederreißen und ihn in drei Tagen wieder aufbauen!‹ «

Da stand der Oberste Priester auf und fragte Jesus: »Hast du nichts gegen diese Anklagen vorzubringen?« Aber Jesus schwieg. Der Oberste Priester sagte: »Ich stelle dich unter Eid und frage dich im Namen des lebendigen Gottes: Bist du der versprochene Retter? Bist du der Sohn Gottes?«

Jesus antwortete: »Ja. Aber ich sage euch, von jetzt an gilt: Ihr werdet den Menschensohn an der rechten Seite des Allmächtigen sitzen und auf den Wolken des Himmels kommen sehen!«

Da zerriß der Oberste Priester sein Gewand und sagte: »Das ist eine Gotteslästerung! Wir brauchen keine Zeugen mehr! Ihr habt es ja selbst gehört. Wie lautet euer Urteil?«

»Er hat den Tod verdient!« riefen sie.

Dann spuckten sie ihm ins Gesicht und ohrfeigten ihn. Andere schlugen ihn und höhnten: »Du Retter Israels, wer hat dich gerade geschlagen? Du bist doch ein Prophet!«

Matthäus 26

Jesus vor Pilatus

Alle standen auf und brachten Jesus zum Prokurator Pilatus. Dort trugen sie ihre Anklage vor:

»Wir haben festgestellt, daß dieser Mann unser Volk aufhetzt! Er sagt, wir sollen keine Steuern mehr an den Kaiser zahlen! Außerdem hat er behauptet, er sei der König, den Gott uns versprochen hat.«

Pilatus fragte ihn: »Bist du der König der Juden?«

»Ja«, antwortete Jesus.

Da erklärte Pilatus den führenden Priestern und der Volksmenge: »Ich sehe keinen Grund, diesen Mann zu verurteilen.«

Aber sie drängten weiter: »Er wiegelt mit seinen Reden das ganze jüdische Volk auf, von Galiläa angefangen bis hierher.«

Lukas 23

Jesus vor König Herodes

Als Pilatus das hörte, fragte er, ob der Mann aus Galiläa sei.

Man bestätigte ihm, daß Jesus aus dem Herrschaftsbereich von Herodes stamme. Da ließ Pilatus ihn zu Herodes bringen, der zu dieser Zeit ebenfalls in Jerusalem war.

Herodes freute sich sehr, als er Jesus sah; denn er wollte ihn schon lange einmal kennenlernen. Er hatte viel von ihm gehört und hoffte nun, selbst eines seiner Wunder mitzuerleben. Er stellte ihm viele Fragen, aber Jesus gab keine Antwort.

Die führenden Priester und Gesetzeslehrer standen dabei und brachten ihre Beschuldigungen vor.

Herodes und seine Soldaten trieben ihren Spott mit Jesus. Zum Hohn zogen sie ihm ein Prachtgewand an. In diesem Aufzug schickte Herodes ihn zu Pilatus zurück. Herodes und Pilatus hatten sich früher gehaßt, aber an diesem Tag wurden sie Freunde.

Lukas 23

Zum Tode verurteilt

Es war üblich, daß der römische Prokurator zum Passafest einen Gefangenen begnadigte, den das Volk bestimmen durfte. Damals gab es einen berüchtigten Gefangenen, der Jesus Barabbas hieß. Als sie nun alle versammelt waren, fragte sie Pilatus: »Wen soll ich euch freigeben: Jesus Barabbas oder Jesus, der auch Christus genannt wird?« Denn er wußte genau, daß man ihm Jesus nur aus Neid ausgeliefert hatte.

Während Pilatus auf dem Richterstuhl saß, ließ seine Frau ihm ausrichten: »Laß die Hände von diesem unschuldigen Mann! Seinetwegen hatte ich letzte Nacht einen schrecklichen Traum.«

Inzwischen hatten die führenden Priester und Ratsältesten das Volk überredet, es solle für Barabbas die Freilassung und für Jesus den Tod verlangen. Der Prokurator fragte noch einmal: »Wen von den beiden soll ich euch herausgeben?«

»Barabbas!« schrien sie.

»Und was soll ich mit Jesus machen, den man Christus nennt?« fragte Pilatus weiter.

»Kreuzigen!« riefen alle.

»Was hat er denn verbrochen?« fragte Pilatus.

Aber sie schrien noch lauter: »Kreuzigen!«

Als Pilatus merkte, daß seine Worte nichts nützten und die Erregung der Menge nur noch größer wurde, nahm er Wasser und wusch sich vor allen Leuten die Hände. Dabei sagte er: »Ich habe keine Schuld am Tod dieses Mannes. Das habt ihr zu verantworten!«

Das ganze Volk schrie: »Wenn er unschuldig ist, dann komme die Strafe für seinen Tod auf uns und unsere Kinder!«

Da gab Pilatus ihnen Barabbas frei. Jesus ließ er auspeitschen und gab Befehl, ihn ans Kreuz zu nageln.

Matthäus 27

In einem manipulierten Prozeß wurde Jesus auf die Schnelle vom jüdischen Gerichtshof dem römischen Gericht übergeben, damit die Hinrichtung noch vor Beginn des Passafestes vollzogen werden konnte.

„VATER, VERGIB IHNEN"

Die Soldaten des Prokurators brachten Jesus in den Palast und versammelten die ganze Mannschaft um ihn. Sie zogen ihn aus und hängten ihm einen roten Mantel um, flochten eine Krone aus Dornenzweigen und drückten sie ihm auf den Kopf. Sie gaben ihm einen Stock in die Hand, knieten vor ihm nieder und machten sich über ihn lustig.

»Der König der Juden, er lebe hoch!« riefen sie. Dann spuckten sie ihn an, nahmen ihm den Stock wieder weg und schlugen ihn damit auf den Kopf. Als sie ihn genug verspottet hatten, nahmen sie ihm den Mantel ab, zogen ihm seine eigenen Kleider wieder an und führten ihn hinaus, um ihn ans Kreuz zu nageln.

Unterwegs trafen sie einen Mann aus Zyrene namens Simon. Den zwangen sie, das Kreuz zu tragen. So kamen sie an die Stelle, die Golgota heißt, das bedeutet »Schädel«. Dort gaben sie Jesus Wein mit einem bitteren Zusatz; aber als er gekostet hatte, wollte er ihn nicht trinken.

Sie nagelten ihn ans Kreuz und losten untereinander seine Kleider aus. Danach setzten sie sich und bewachten ihn. Über seinem Kopf hatten sie ein Schild angebracht, auf dem der Grund für seine Hinrichtung geschrieben stand:

»Dies ist Jesus, der König der Juden!«

Dann nagelten sie neben Jesus zwei Verbrecher an Kreuze, einen links und einen rechts von ihm.

Die Leute, die vorbeikamen, schüttelten höhnisch den Kopf und beschimpften Jesus:

»Du wolltest den Tempel niederreißen und in drei Tagen wieder aufbauen! Wenn du Gottes Sohn bist, dann befrei dich doch und komm herunter vom Kreuz!«

Genauso machten sich die führenden Priester und die Gesetzeslehrer und Ratsältesten über ihn lustig:

»Anderen hat er geholfen, aber sich selbst kann er nicht helfen! Wenn er wirklich der König von Israel ist, soll er doch vom Kreuz herunterkommen! Dann werden wir ihm glauben. Er hat doch auf Gott vertraut; der soll ihm jetzt helfen, wenn ihm etwas an ihm liegt. Er hat doch behauptet, Gottes Sohn zu sein!«

Sogar die beiden Verbrecher, die mit ihm gekreuzigt worden waren, beschimpften ihn.

Von zwölf Uhr mittags bis um drei Uhr wurde es im ganzen Land dunkel.

Matthäus 27

Jesus wurde auf einem felsigen Hügel, der aussah wie ein Schädel, gekreuzigt. Drei Stunden lang war das Land in Dunkelheit gehüllt.

Jesu Worte am Kreuz

**Jesus rief laut:
»Eli, Eli, lema sabachtani?«, das heißt:
»Mein Gott, mein Gott,
warum hast du mich verlassen?«**
Matthäus 27

**Jesus aber betete: »Vater, vergib ihnen,
denn sie wissen nicht, was sie tun.«**

**Einer der Verbrecher, die neben ihm
hingen, verhöhnte ihn:
»Bist du denn nicht der Messias?
Dann hilf dir selbst und auch uns!«
Der andere aber wies ihn zurecht
und sagte: »Nicht einmal du fürchtest Gott?
Dich hat doch das gleiche Urteil getroffen.
Uns geschieht recht,
wir erhalten den Lohn für unsere Taten;
dieser aber hat nichts Unrechtes getan.«
Dann sagte er: »Jesus, denk an mich,
wenn du in dein Reich kommst.«
Jesus antwortete ihm:
»Amen, ich sage dir: Heute noch
wirst du mit mir im Paradies sein.«**
Lukas 23

**Bei dem Kreuz Jesu standen seine
Mutter und die Schwester seiner Mutter,
Maria, die Frau des Klopas,
und Maria von Magdala.
Als Jesus seine Mutter sah
und bei ihr den Jünger, den er liebte,
sagte er zu seiner Mutter:
»Frau, sieh, dein Sohn!«
Dann sagte er zu dem Jünger:
»Siehe, deine Mutter!«
Und von jener Stunde an nahm sie
der Jünger zu sich.
Danach, als Jesus wußte, daß nun alles
vollbracht war, sagte er,
damit sich die Schrift erfüllte:
»Mich dürstet.«
Ein Gefäß mit Essig stand da.
Sie steckten einen Schwamm mit Essig
auf einen Ysopzweig
und hielten ihn an seinen Mund.
Als Jesus von dem Essig
genommen hatte, sprach er:
»Es ist vollbracht!«**
Johannes 19

**Und Jesus rief laut:
»Vater,
in deine Hände lege ich meinen Geist.«
Nach diesen Worten hauchte er
den Geist aus.**
Lukas 23

DAS GRAB IM FELSEN

Die führenden Männer baten Pilatus: »Laß doch den Hingerichteten die Beine brechen und sie vom Kreuz abnehmen.« Sie sagten das, weil es Freitag war und sie die Toten nicht über den Sabbat am Kreuz hängen lassen wollten. Der kommende Sabbat war außerdem ein ganz besonders hoher Feiertag.

Die Soldaten gingen hin und brachen die Beine der beiden Männer, die mit Jesus zusammen gekreuzigt worden waren. Als sie zu Jesus kamen, merkten sie, daß er schon tot war. Darum brachen sie seine Beine nicht.

Aber einer der Soldaten stach ihm mit seinem Speer in die Seite. Da kam Blut und Wasser heraus. Der Mann, der dies sah, hat es bezeugt. Wir wissen, daß er die Wahrheit gesagt hat, und er selbst weiß es auch. Deshalb könnt ihr euch darauf verlassen. Das geschah, damit eintraf, was in den heiligen Schriften vorausgesagt war:

»Sie werden ihm keinen Knochen brechen.«

Und an einer anderen Stelle heißt es: »Sie werden auf den blicken, den sie durchbohrt haben.«

Als das geschehen war, bat Josef aus Arimathäa Pilatus um die Erlaubnis, den Toten vom Kreuz abzunehmen. Josef war ein Jünger Jesu, aber nur heimlich, weil er vor den führenden Männern Angst hatte. Pilatus überließ ihm den Leichnam, und Josef ging und nahm ihn vom Kreuz ab.

Auch Nikodemus, der Jesus einmal nachts aufgesucht hatte, kam mit; er brachte ungefähr hundert Pfund Myrrhenharz mit Aloe.

Die beiden Männer nahmen den Leichnam Jesu und wickelten ihn mit den Duftstoffen in Leinenbinden, wie es der jüdischen Begräbnissitte entspricht. Bei der Stelle, wo Jesus hingerichtet worden war, befand sich ein Garten. Darin war eine neue Grabhöhle, in der noch niemand gelegen hatte. Dort hinein legten sie Jesus, weil es der Tag vor dem Sabbat war und weil das Grab in der Nähe lag.

Johannes 19

Der Wächter

Am nächsten Tag – es war der Sabbat – kamen die führenden Priester und die Pharisäer miteinander zu Pilatus und sagten: »Herr, uns ist eingefallen, daß dieser Schwindler behauptet hat, er werde drei Tage nach seinem Tod auferweckt werden. Gib deshalb Anweisung, das Grab bis zum dritten Tag streng zu bewachen! Sonst könnten seine Jünger die Leiche stehlen und dann unserem Volk erzählen, er sei vom Tod auferweckt worden. Dieser letzte Betrug wäre dann noch viel schlimmer als die Lügen vorher.«

»Ich gebe euch eine Wache«, sagte Pilatus. »Geht und sichert das Grab, wie ihr es für nötig haltet!«

Sie gingen also zum Grab, versiegelten den Stein am Eingang gemeinsam mit der Wache und ließen diese beim Grab zurück.

Matthäus 27

Dieses Felsengrab aus dem 1. Jahrhundert war mit einem großen Stein, der vor den Eingang gerollt wurde, verschlossen.

Der Herr ist auferstanden

Nach dem Sabbat kamen in der Morgendämmerung
des ersten Tages der Woche
Maria aus Magdala und die andere Maria,
um nach dem Grab zu sehen.
Plötzlich entstand ein gewaltiges Erdbeben;
denn ein Engel des Herrn kam vom Himmel herab, trat an das Grab, wälzte den Stein weg und setzte sich darauf.
Seine Gestalt leuchtete wie ein Blitz,
und sein Gewand war weiß wie Schnee.
Die Wächter begannen vor Angst zu zittern
und fielen wie tot zu Boden.
Der Engel aber sagte zu den Frauen:
»Fürchtet euch nicht, ich weiß,
ihr sucht Jesus, den Gekreuzigten.
Er ist nicht hier; denn er ist auferstanden,
wie er gesagt hat.
Kommt her
und seht euch die Stelle an, wo er lag.
Dann geht schnell zu seinen Jüngern
und sagt ihnen:
Er ist von den Toten auferstanden...«

Noch während die Frauen unterwegs waren,
kamen einige von den Wächtern in die Stadt
und berichteten den Hohenpriestern alles,
was geschehen war.
Diese faßten gemeinsam
mit den Ältesten den Beschluß,
die Soldaten zu bestechen.
Sie gaben ihnen viel Geld und sagten:
»Erzählt den Leuten:
Seine Jünger sind bei Nacht gekommen
und haben ihn gestohlen, während wir schliefen.
Falls der Stadthalter davon hört,
werden wir ihn beschwichtigen und dafür sorgen, daß ihr nichts zu befürchten habt.«
Matthäus 28

Petrus und Johannes

Maria aus Magdala lief zu Simon Petrus und zu dem Jünger, den Jesus liebte, und berichtete ihnen: »Man hat den Herrn aus dem Grab genommen, und wir wissen nicht, wohin er gebracht worden ist.«

Petrus und der andere Jünger machten sich auf den Weg und gingen zum Grab. Beide beeilten sich sehr, aber der andere Jünger lief schneller als Petrus und war als erster am Grab. Er beugte sich vor und sah die Leinenbinden liegen, aber er ging nicht hinein.

Als Simon Petrus nachkam, ging er sofort in die Grabhöhle hinein. Er sah die Leinenbinden und das Tuch, das sie Jesus um den Kopf gebunden hatten. Dieses Tuch lag nicht bei den Binden, sondern war für sich zusammengefaltet.

Nun ging auch der andere Jünger hinein, der zuerst am Grab angekommen war. Er sah alles und kam zum Glauben. Denn bis dahin hatten sie die heiligen Schriften immer noch nicht verstanden. Dort steht ja, daß Jesus vom Tod auferstehen muß.

Danach gingen die beiden nach Hause zurück.
Johannes 20

Maria

Maria stand noch vor dem Grab und weinte. Dabei beugte sie sich vor und schaute hinein. Da sah sie zwei weißgekleidete Engel. Sie saßen an der Stelle, wo Jesus gelegen hatte, einer am Kopfende und einer am Fußende.

»Warum weinst du?« fragten die Engel.

Maria antwortete: »Sie haben meinen Herrn fortgetragen, und ich weiß nicht, wohin sie ihn gebracht haben!«

Als sie sich umdrehte, sah sie Jesus dastehen. Aber sie wußte nicht, daß es Jesus war.

Er fragte sie: »Warum weinst du? Wen suchst du?«

Sie dachte, er sei der Gärtner, und sagte zu ihm: »Wenn du ihn fortgenommen hast, so sage mir, wohin du ihn gebracht hast. Ich möchte hingehen und ihn holen.«

»Maria!« sagte Jesus zu ihr.
Sie wandte sich ihm zu und sagte: »Rabbuni!« Das ist hebräisch und heißt: Mein Herr!
Jesus sagte zu ihr: »Halte mich nicht zurück! Ich bin noch nicht zu meinem Vater zurückgekehrt. Aber geh zu meinen Brüdern und sag ihnen von mir: Ich gehe zu dem, der mein und euer Vater ist, mein Gott und euer Gott.«
Maria aus Magdala ging zu den Jüngern und sagte: »Ich habe den Herrn gesehen!« Und sie berichtete ihnen, was er ihr aufgetragen hatte.
Johannes 20

Der große Stein war weggerollt worden… Der Leib Jesu war fort.

ER IST TATSÄCHLICH AUFERSTANDEN!

Am selben Tag gingen zwei, die zu den Jüngern Jesu gehört hatten, nach dem Dorf Emmaus, das etwa zehn Kilometer von Jerusalem entfernt lag. Unterwegs unterhielten sie sich über alles, was geschehen war.

Als sie so miteinander sprachen und alles hin und her überlegten, kam Jesus dazu und ging mit ihnen. Aber sie erkannten ihn nicht; sie waren wie mit Blindheit geschlagen.

Er fragte sie: »Worüber redet ihr denn so eifrig unterwegs?«

Da blieben sie traurig stehen. und der eine – er hieß Kleopas – fragte: »Du bist wohl der einzige in Jerusalem, der nicht weiß, was dort in den letzten Tagen geschehen ist?«

»Was denn?« fragte Jesus.

»Das mit Jesus von Nazareth«, sagten sie. »Er war ein Prophet; in Worten und Taten hat er vor Gott und dem ganzen Volk seine Macht erwiesen. Unsere führenden Priester und die anderen Ratsmitglieder haben ihn zum Tod verurteilt und ihn ans Kreuz nageln lassen. Und wir hatten doch gehofft, er werde der Mann sein, der Israel befreit!

Heute ist schon der dritte Tag, seitdem das geschehen ist. Und jetzt haben uns einige Frauen, die zu uns gehören, noch mehr erschreckt. Sie gingen heute früh zu seinem Grab, konnten aber seinen Leichnam nicht finden. Sie kamen zurück und erzählten, sie hätten Engel gesehen, die hätten ihnen gesagt, daß er lebt. Einige von uns sind gleich zum Grab gelaufen und haben alles so gefunden, wie es die Frauen erzählten. Aber ihn selbst haben sie nicht gesehen.«

Da sagte Jesus zu ihnen: »Was seid ihr doch blind! Wie schwer tut ihr euch zu glauben, was die Propheten vorausgesagt haben! Der versprochene Retter mußte doch erst dies alles erleiden, um zu seiner Herrlichkeit zu gelangen!« Und Jesus erklärte ihnen die Worte, die sich auf ihn bezogen, von den Büchern Moses und der Propheten angefangen durch alle heiligen Schriften.

Mittlerweile waren sie in die Nähe von Emmaus gekommen. Jesus tat so, als wollte er weitergehen. Aber sie hielten ihn zurück und baten: »Bleib doch bei uns! Es ist fast Abend, und gleich wird es dunkel!«

Da folgte er ihrer Einladung und blieb bei ihnen. Während des Abendessens nahm er das Brot, dankte Gott, brach es in Stücke und gab es ihnen. Da gingen ihnen die Augen auf, und sie erkannten Jesus. Aber im selben Augenblick verschwand er vor ihnen.

Sie sagten zueinander: »Wurde uns nicht ganz heiß ums Herz, als er unterwegs mit uns sprach und uns die heiligen Schriften erklärte?« Sie machten sich sofort auf den Rückweg nach Jerusalem. Als sie dort ankamen, waren die Elf mit allen übrigen versammelt und riefen ihnen zu: »Der Herr ist wirklich auferweckt worden! Simon hat ihn gesehen.«

Da erzählten ihnen die beiden, was sie unterwegs erlebt hatten und wie sie den Herrn erkannt hatten, als er ihnen das Brot austeilte.

Während die beiden noch erzählten, stand plötzlich der Herr selbst mitten unter ihnen. Er grüßte sie: »Ich bringe euch Frieden!«

Sie erschraken, denn sie meinten einen Geist zu sehen. Aber er sagte: »Warum seid ihr so erschrocken? Warum kommen euch solche Zweifel? Schaut mich doch an, meine Hände, meine Füße, dann erkennt ihr, daß ich es wirklich bin. Faßt mich an und überzeugt euch; ein Geist hat doch nicht Fleisch und Knochen wie ich!«

Während er das sagte, zeigte er ihnen seine Hände und seine Füße. Als sie es in ihrer Freude und Verwunderung noch immer nicht fassen konnten, fragte er: »Habt ihr etwas zu essen da?«

Sie gaben ihm ein Stück gebratenen Fisch, und er aß es vor ihren Augen.

Dann sagte er zu ihnen: »Als ich noch bei euch war, habe ich euch gesagt: › Alles, was im Gesetz Moses, in den Schriften der Propheten und in den Psalmen über mich steht, muß in Erfüllung gehen.‹ «

Und er half ihnen, die heiligen Schriften richtig zu verstehen.

»Hier steht es doch geschrieben«, erklärte er ihnen: »Der versprochene Retter muß leiden und sterben und am dritten Tag vom Tod auferstehen. Den Menschen aller Völker muß verkündet werden, daß ihnen um seinetwillen Umkehr zu Gott und Vergebung der Schuld angeboten wird. Und das muß in Jerusalem anfangen. Ihr seid Zeugen von all dem und sollt dafür einstehen!«

Lukas 24

Thomas

Als Jesus kam, war Thomas, genannt der Zwilling, einer der zwölf Jünger, nicht dabeigewesen. Später erzählten ihm die anderen: »Wir haben den Herrn gesehen!«

Thomas sagte zu ihnen: »Ich werde es so lange nicht glauben, bis ich die Spuren von den Nägeln an seinen Händen gesehen habe. Ich will erst mit meinem Finger die Spuren von den Nägeln fühlen und meine Hand in seine Seitenwunde legen.«

Eine Woche später waren die Jünger wieder im Haus versammelt, und Thomas war bei ihnen. Die Türen waren abgeschlossen. Jesus kam, trat in ihre Mitte und sagte: »Ich bringe euch Frieden!«

Dann wandte er sich an Thomas: »Leg deinen Finger hierher und sieh dir meine Hände an! Streck deine Hand aus und lege sie in meine Seitenwunde! Hör auf zu zweifeln und glaube, daß ich es bin!«

Da antwortete Thomas: »Mein Herr und mein Gott!«

Jesus sagte zu ihm: »Bist du jetzt überzeugt, weil du mich gesehen hast? Freuen dürfen sich alle, die mich nicht sehen und mir trotzdem vertrauen!«

Johannes 20

Niedergedrückt und ohne Hoffnung machten sich zwei Jünger auf den Weg nach Emmaus (links), wo ihnen ein Fremder begegnete… Das große Eingangstor der Grabeskirche symbolisiert, daß Tod und Auferstehung Jesu für alle, die durch ihn zu Gott kommen wollen, die Tür zu einem neuen Leben öffnen.

„MEINE ZEUGEN"

Später zeigte sich Jesus seinen Jüngern noch einmal am See von Tiberias. Das geschah so…

Simon Petrus sagte zu den anderen: »Ich gehe fischen!« »Wir kommen mit«, sagten sie zu ihm. Sie gingen hinaus und stiegen ins Boot; aber während der ganzen Nacht fingen sie nichts. Als die Sonne aufging, stand Jesus am Ufer. Die Jünger wußten aber nicht, daß es Jesus war.

Er redete sie an: »Kinder, habt ihr nicht ein paar Fische?«

»Keinen einzigen!« antworteten sie.

Er sagte zu ihnen: »Werft euer Netz an der rechten Bootsseite aus! Dann werdet ihr Erfolg haben.«

Sie warfen das Netz aus und fingen so viele Fische, daß sie das Netz nicht ins Boot ziehen konnten.

Der Jünger, den Jesus liebte, sagte zu Petrus: »Es ist der Herr!« Als Petrus das hörte, warf er sich das Oberkleid über und sprang ins Wasser. Er hatte nämlich zum Arbeiten sein Oberkleid ausgezogen.

Sie waren etwa hundert Meter vom Land entfernt. Die anderen Jünger ruderten das Boot an Land und zogen das Netz mit den Fischen hinter sich her. Als sie an Land gingen, sahen sie ein Holzkohlenfeuer mit Fischen darauf, auch Brot lag dabei.

Jesus sagte zu ihnen: »Bringt ein paar von den Fischen, die ihr eben gefangen habt!«

Simon Petrus stieg ins Boot und zog das Netz an Land. Es war voll von großen Fischen, genau hundertdreiundfünfzig. Aber das Netz riß nicht, obwohl es so viele waren.

Jesus sagte zu ihnen: »Kommt her und eßt!«

Keiner von den Jüngern wagte zu fragen: »Wer bist du?« Sie wußten, daß es der Herr war. Jesus trat zu ihnen, nahm das Brot und verteilte es unter sie, ebenso die Fische.

Dies war das dritte Mal, daß sich Jesus seinen Jüngern zeigte, seit er vom Tod auferstanden war.

Johannes 21

Jesus und Petrus

Nachdem sie gegessen hatten, sagte Jesus zu Simon Petrus: »Simon, Sohn von Johannes, liebst du mich mehr als die anderen hier?«

Petrus antwortete: »Ja, Herr, du weißt, daß ich dich liebe.«

Jesus sagte zu ihm: »Sorge für meine Lämmer!«

Ein zweites Mal sagte Jesus zu ihm: »Simon, Sohn von Johannes, liebt du mich?«

»Ja, Herr, du weißt, daß ich dich liebe«, antwortete er.

Jesus sagte zu ihm: »Führe meine Schafe!«

Ein drittes Mal fragte Jesus: »Simon, Sohn von Johannes, liebt du mich?«

Petrus wurde traurig, weil er ihn ein drittes Mal fragte: »Liebst du mich?« Er sagte zu ihm: »Herr, du weißt alles, du weißt auch, daß ich dich liebe.«

Jesus sagte zu ihm: »Sorge für meine Schafe!«

Johannes 21

Jesus erschien seinen Nachfolgern bei vielen Anlässen, davon einige Male am See Genezareth, der so oft Schauplatz seines Lehrens und Heilens gewesen war. Seine Nachfolger sollten seine Zeugen sein »bis ans Ende der Zeit«.

Jesu letzte Worte

**Da trat Jesus auf sie zu und sagte zu ihnen:
»Mir ist alle Macht gegeben
im Himmel und auf der Erde.
Darum geht zu allen Völkern und
macht alle Menschen zu meinen Jüngern;
tauft sie auf den Namen des Vaters
und des Sohnes und des Heiligen Geistes,
und lehrt sie, alles zu befolgen,
was ich euch geboten habe.
Seid gewiß: Ich bin bei euch alle Tage
bis zum Ende der Welt.«**
Matthäus 28

**»Aber ihr werdet die Kraft des Heiligen Geistes
empfangen, der auf euch herabkommen wird;
und ihr werdet meine Zeugen sein
in Jerusalem
und in ganz Judäa und Samarien
und bis an die Grenzen der Erde.«
Als er das gesagt hatte,
wurde er vor ihren Augen emporgehoben,
und eine Wolke nahm ihn auf
und entzog ihn ihren Blicken.
Während sie unverwandt ihm nach
zum Himmel emporschauten,
standen plötzlich zwei Männer in weißen
Gewändern bei ihnen und sagten:
»Ihr Männer von Galiläa,
was steht ihr da und schaut zum Himmel
empor? Dieser Jesus, der von euch ging
und in den Himmel aufgenommen wurde,
wird ebenso wiederkommen, wie ihr ihn
habt zum Himmel hingehen sehen.«
Dann kehrten sie vom Ölberg
nach Jerusalem zurück.**
Apostelgeschichte 1

Jesus tat vor den Augen seiner Jünger noch viele andere Wunder, durch die er ihnen seine Macht und Hoheit zeigte. Sie stehen nicht in diesem Buch. Was aber in diesem Buch steht, wurde aufgeschrieben, damit ihr daran festhaltet, daß Jesus der Sohn Gottes ist, der versprochene Retter. Wenn ihr euer Vertrauen auf ihn setzt, habt ihr durch ihn das Leben.
Johannes 20